Erwachsenenschutz

WALTER NOSER | DANIEL ROSCH

ERWACHSENENSCHUTZ

Das Erwachsenenschutzrecht umfassend erklärt –
mit Praxisbeispielen

■ ■ ■ EIN RATGEBER AUS DER BEOBACHTER-PRAXIS ■ ■ ■

Das Erwachsenenschutzgesetz ist am 1. Januar 2013 in Kraft getreten. Dieser Ratgeber fasst den aktuellen Wissensstand zum revidierten Recht zusammen. Wie einzelne Bestimmungen im konkreten Fall angewendet werden, wird aber erst die Gerichtspraxis der nächsten Jahre zeigen. Im Zweifelsfall empfiehlt sich deshalb, den Rat einer Fachperson einzuholen, bevor Sie ein Gerichtsverfahren einleiten.

Download-Angebot
Alle Vorlagen im Anhang stehen online bereit zum Herunterladen und selber Bearbeiten: www.beobachter.ch/download (Code 9995).

Beobachter-Edition
3., aktualisierte Auflage, 2016
© 2013 Ringier Axel Springer Schweiz AG
Alle Rechte vorbehalten
www.beobachter.ch

Herausgeber: Der Schweizerische Beobachter, Zürich
Lektorat: Käthi Zeugin, Zürich
Umschlaggestaltung und Reihenkonzept: buchundgrafik.ch
Umschlagfoto: plainpicture, Hamburg
Satz: Bruno Bolliger, Losone
Druck: Grafisches Centrum Cuno GmbH & Co. KG, Calbe

ISBN 978-3-85569-999-5

Mit dem Beobachter online in Kontakt:
 www.facebook.com/beobachtermagazin
 www.twitter.com/BeobachterRat

Inhalt

Vorwort 9

1 Das Erwachsenenschutzrecht – eine Einführung 11

Von der Vormundschaft zum Erwachsenenschutz 12
Schutz für die Schwachen 12
Weg mit alten Zöpfen! 13

Rechtliche Grundlage: das Schweizerische Zivilgesetzbuch 14
Selbstbestimmung und Schutzbedürfnis – eine Abwägung 15
Erwachsenenschutzrecht – ein Gesetz von heute 16
Handlungsfähigkeit, Urteilsfähigkeit: zentrale Begriffe
im Erwachsenenschutz 18
Höchstpersönliche Rechte 19

2 Die eigene Vorsorge 23

Selber für später bestimmen: der Vorsorgeauftrag 24
Das sagt das Gesetz 24
Was gehört in den Vorsorgeauftrag? 26
Wie schreibt man einen Vorsorgeauftrag? 29
Geld für die beauftragte Person 30
So wird der Vorsorgeauftrag sicher gefunden 31
Genügt eine normale Vollmacht nicht? 33

Der Vorsorgeauftrag tritt in Kraft 35
Die Aufgabe der Kesb 35
Das müssen beauftragte Personen wissen 36
Kein Vorsorgeauftrag? Das Vertretungsrecht von Verheirateten
und eingetragenen Partnern 38

Die Patientenverfügung 41
Wer darf eine Patientenverfügung schreiben? 41
Was kann man in der Patientenverfügung festlegen? 43

Patientenverfügung und Sterbehilfe 45
Keine Patientenverfügung – wer ist zur Vertretung berechtigt? 46
Die Rolle der Kesb 48

3 Beistandschaften und Beistände 51

Wann ist eine Beistandschaft angezeigt? 52
Im Zentrum: das Verhältnismässigkeitsprinzip 53
Wer wird verbeiständet? 53
Selber eine Beistandschaft beantragen? 56

Massgeschneiderter Schutz: verschiedene Beistandschaften 57
Die Begleitbeistandschaft 57
Die Vertretungsbeistandschaft 58
Vertretung bei der Verwaltung des Vermögens 60
Die Mitwirkungsbeistandschaft 61
Beistandschaften nach Bedarf kombinieren 63
Die umfassende Beistandschaft 64
Was passierte mit Massnahmen, die vor 2013
angeordnet worden waren? 65

Das Ende der Beistandschaft 66
Die Beistandschaft wird aufgehoben 66
Die Massnahme wird umgewandelt 67
Weiterführende Hilfe 68

Beistand und Beiständin – ein Steckbrief 69
Das dürfen Sie von einem Beistand erwarten 69
Angehörige oder Bekannte als Beistände 71
Privatbeistände, Berufsbeistände 72
Aufgabenkatalog für einen Beistand 74
Die Schweigepflicht 76
Die Kesb hat ein Wörtchen mitzureden 77
Beschwerden gegen den Beistand 78

4 Die fürsorgerische Unterbringung 81

Was bedeutet fürsorgerische Unterbringung? 82
Schutzbedürftig: die Gründe für eine fürsorgerische Unterbringung ... 83
Klinik, Spital, Heim – wohin wird man eingewiesen? 86

Wer darf einweisen? 87
Einweisung durch die Behörde 87
Auch Ärzte können einweisen 88
Zurückbehalten nach freiwilligem Eintritt 90

Was gilt in Klinik und Heim? 91
Wichtige Grundlage: der Behandlungsplan 91
Ohne Zustimmung kein Behandlungsplan 93
Die Regeln für den Notfall 95
Bettgitter, Liftcode, Fixiertisch – bewegungseinschränkende
Massnahmen 96
Hilfe in der Ausnahmesituation: die Vertrauensperson 97
Die ärztliche Schweigepflicht 99

Die Entlassung 101
Das Entlassungsgesuch 101
Das Austrittsgespräch 103
Nicht allein lassen: die Nachbetreuung 103

Wer das Verfahren kennt, kommt weiter 105
Die Anhörung nach einer Beschwerde 105
Entzug der aufschiebenden Wirkung 106

5 Schutz in Heimen 109

Was sind Wohn- oder Pflegeeinrichtungen? 110
Urteilsunfähige brauchen besonderen Schutz 111

Der Betreuungsvertrag sagt, was gilt 112
Das gehört in den Betreuungsvertrag 113
Wer kann den Betreuungsvertrag abschliessen? 114
Überlegungen vor dem Vertragsabschluss 116

Die Hausordnung ist nicht immer verbindlich 117
Weitere Regeln zum Schutz von Urteilsunfähigen im Heim 120
Aufsicht über Wohn- oder Pflegeeinrichtungen 122

Zwangsmassnahmen im Heim 123
Wenn die Bewegungsfreiheit eingeschränkt wird 123
Wann ist eine bewegungseinschränkende Massnahme zulässig? 125
Ängste abbauen: das Gespräch mit der betroffenen Person 126
Es braucht ein Protokoll 127
Sich wehren: gewusst wie 128

6 Von Behörden und Verfahren 131

Zentral: die Kindes- und Erwachsenenschutzbehörde (Kesb) .. 132
Kantonal organisiert 132
Die Aufgaben der Kesb 133
Beistand und Behörde ist nicht dasselbe 134
Aufsicht über die Kindes- und Erwachsenenschutzbehörden 135
Gefährdungsmeldung: die Behörde auf einen Fall
aufmerksam machen 135

Das Verfahren im Erwachsenenschutz 138
Das sind Ihre Rechte 138
Tipps für Gespräche mit den Behörden 140
Was die Behörde entscheidet, wird verfügt 142
Beschwerden gegen Entscheide der Kesb 143
Unentgeltliche Rechtspflege 145
Die Medien einschalten? 146

Anhang 149

Gesetzestext 150
Vorlagen 182
Adressen 197
Weiterführende Bücher 202
Stichwortverzeichnis 203

Vorwort

Der Wechsel vom Vormundschaftsrecht zum Erwachsenenschutz wurde vom Parlament 2008 beschlossen. Der Nationalrat stimmte der Revision mit 144:41 Stimmen zu, der Ständerat gar einstimmig. Das Erwachsenenschutzgesetz, das am 1. Januar 2013 in Kraft getreten ist, setzt die Selbstbestimmung und die Menschenwürde ins Zentrum. Dennoch gibt es heute Bestrebungen, es wieder abzuschaffen. Gewisse Gruppierungen behaupten, mit seiner Einführung und vor allem mit den Kindes- und Erwachsenenschutzbehörden (Kesb) sei alles schlimmer statt besser geworden. Den Beweis dafür sind sie bisher schuldig geblieben.

Dieser Ratgeber erklärt das Erwachsenenschutzrecht in Alltagssprache und richtet sich an Laien. Gleichzeitig soll er aber auch den Fachleuten ein nützlicher Leitfaden sein, der ihnen die Situation und die Sichtweise ihrer Klientinnen und Klienten näherbringt.

- Das erste Kapitel gibt einen Überblick über den Erwachsenenschutz und erklärt wichtige Begriffe des Schweizerischen Zivilgesetzbuchs.
- Im zweiten Kapitel erfahren Sie, wie Sie mithilfe von Vorsorgeauftrag und Patientenverfügung selbstbestimmt vorsorgen können.
- Um die Rechte und Pflichten von verbeiständeten Menschen und ihren Angehörigen geht es im dritten Kapitel. Und Sie sehen, was die Arbeit eines Beistands, einer Beiständin beinhaltet.
- Das vierte Kapitel zeigt, wann man gegen seinen Willen in eine Einrichtung eingewiesen werden kann und welche Rechte man dabei hat.
- Das fünfte Kapitel richtet sich hauptsächlich an Angehörige von urteilsunfähigen Menschen, die in Heimen leben.
- Das letzte Kapitel befasst sich mit den Aufgaben der Kesb, erklärt das Verfahren und zeigt, wie Sie sich gegen Entscheide wehren können.
- Im Anhang finden Sie das Erwachsenenschutzgesetz im Wortlaut, dazu hilfreiche Adressen und Vorlagen für Ihre eigenen Schreiben.

Für Anregungen und Kritik zur Verbesserung des Ratgebers sind wir Autoren dankbar.

Walter Noser, Daniel Rosch
im Juni 2016

Das Erwachsenenschutzrecht – eine Einführung

Nach 50 Jahren Revisionsbestrebungen ist Anfang 2013 das Erwachsenenschutzgesetz in Kraft getreten und hat das über hundertjährige Vormundschaftsrecht abgelöst. Im Vordergrund stehen wie im Vormundschaftsrecht das Wohl und der Schutz hilfsbedürftiger Menschen. Doch das heutige Gesetz bietet auch Möglichkeiten, in guten Tagen für sich selbst vorzusorgen. Es ist ein Gesetz für uns alle.

Von der Vormundschaft zum Erwachsenenschutz

Das alte Vormundschaftsrecht befasste sich hauptsächlich mit Menschen, die nicht oder nur unzureichend für sich selber sorgen konnten. Für sie war ein starres Massnahmensystem vorgesehen. Das alte Gesetz war nur für einen kleinen Kreis bedeutsam: Betroffene, Angehörige und Fachleute. Das ist heute anders.

Seit das Erwachsenenschutzrecht in Kraft ist, können auch gesunde Menschen für den Zeitpunkt ihrer eigenen Urteilsunfähigkeit vorsorgen. Zudem verbessert das Gesetz die Rechte von schutzbedürftigen Menschen und bietet Möglichkeiten zu massgeschneiderter Hilfe.

Schutz für die Schwachen

Unsere Vorväter hatten es gut gemeint. Mit dem Bild einer intakten Familie im Kopf formten sie Anfang des letzten Jahrhunderts das Vormundschaftsrecht für diejenigen Erwachsenen, von denen die Gesellschaft dachte, dass sie wie Kinder auf Fürsorge und Unterstützung angewiesen seien. Geschützt werden sollte, wer unter «Geistesschwäche» oder an «Geisteskrankheit» litt. Dieser Schutz bestand im Wesentlichen im Entzug der Handlungsfähigkeit (siehe Seite 18) und in einer Bevormundung. Zudem befasste sich das Vormundschaftsrecht mit Menschen, die durch «Trunksucht», «Verschwendung» oder «lasterhaften Lebenswandel» auffielen. Und auch wer zu einer Freiheitsstrafe von mehr als einem Jahr verurteilt worden war, musste streng nach Gesetz bis zum 31. Dezember 2012 bevormundet werden. So wurden in den letzten hundert Jahren Zehntausende entmündigt und bekamen einen Vormund.

Das Vormundschaftsrecht war nur für Ausnahmesituationen gedacht: für Menschen, zu denen niemand aus der Familie schaute. Wenn für die Entmündigung einer Person kein ausreichender Grund vorlag, wurde ein Beirat eingesetzt. Und wer «bloss» wegen Abwesenheit, Unfähigkeit oder

Krankheit nicht selber handeln konnte oder nicht gut genug zu seinen Finanzen schaute, bekam einen Beistand. In den 1980er-Jahren wurde das Vormundschaftsrecht mit den Bestimmungen zur fürsorgerischen Freiheitsentziehung (FFE) ergänzt. Dieses Gesetz auf Bundesebene ersetzte die kantonalen Bestimmungen für «Gesindel», «Arbeitsscheue und Liederliche», die sogenannten Versorgungsgesetze.

Weg mit alten Zöpfen!

Alles unter Kontrolle? Nein. Es zeigte sich je länger, je deutlicher: Der Schutz, den der Gesetzgeber den Hilfsbedürftigen geben wollte, engte diese viel zu häufig und viel zu stark ein. Als unsere Ur- und Ururgrossväter das Vormundschaftsrecht in Kraft setzten, hatten sie nicht berücksichtigt, dass Erwachsene nicht hilflos wie kleine Kinder sind.

Urteilsfähige Erwachsene können sich zum Beispiel anhand der Frage «Was wäre, wenn?» durchaus mögliche zukünftige Ereignisse vorstellen – Kinder können das nicht. Dieser kognitiven Fähigkeit wird mit dem neuen Erwachsenenschutzrecht Rechnung getragen. Zudem macht der Gesetzgeber in jedem einzelnen der neuen Gesetzesartikel deutlich, dass Hilfsbedürftige nicht willenlose Geschöpfe sind, sondern dass ihre Selbstbestimmung zu fördern ist.

Rechtliche Grundlage: das Schweizerische Zivilgesetzbuch

Das Erwachsenenschutzrecht ist im Schweizerischen Zivilgesetzbuch (ZGB) in den Artikeln 360 bis 456 geregelt. In diesem Gesetzbuch geht es wie in einem hochstehenden Roman oder in einer billigen Soap um die grossen Themen des Lebens: um Geburt, Jugend und Kindheit, Zusammenleben, Heirat und Sterben. Dazwischen um Eigentum, Vereinsleben, Scheidung und Erben – und seit dem 1. Januar 2013, seit das Erwachsenenschutzrecht Bestandteil des ZGB ist, geht es vermehrt auch um Menschenwürde und Selbstbestimmung.

Die Geschichte des ZGB hat im vorletzten Jahrhundert begonnen: 1892 gab der Bundesrat grünes Licht für die Entwürfe eines vereinheitlichten schweizerischen Privatrechts. Bis dahin waren lediglich das Obligationenrecht, die persönliche Handlungsfähigkeit, die Eheschliessung und die Scheidung auf eidgenössischer Ebene geregelt. Alles andere war Sache der Kantone. Seit 1912 regelt das ZGB das Personen-, Familien-, Erb- und Sachenrecht auf gesamtschweizerischer Ebene. Das Obligationenrecht (OR) einschliesslich des Handels- und Wertpapierrechts ist dem ZGB als fünfter Teil angegliedert.

Fast alles ist im ZGB kurz und knapp beschrieben – nicht etwa, weil die Juristen im Bundeshaus nur halbe Arbeit geleistet haben, sondern weil sich die Fragen des Lebens nur in den Grundsätzen regeln lassen. Die im ZGB enthaltenen Gesetzesartikel wurden und werden deshalb durch Entscheide der Gerichte und des Bundesgerichts ständig anhand des Zeitgeistes interpretiert und ausgelegt. So wird es auch beim Erwachsenenschutzrecht sein.

Im Folgenden erhalten Sie einen Überblick über die Neuerungen, die das Erwachsenenschutzrecht bringt. Und Erklärungen für einige Begriffe, die immer wieder auftauchen, wenn es um Menschen geht, die nicht genügend für sich selber sorgen können.

Selbstbestimmung und Schutzbedürfnis – eine Abwägung

Niemand wird bestreiten, dass Kinder des Schutzes bedürfen. Damit sie nicht unter die Räder kommen, muss man ihnen oft Vorschriften machen und ihnen sagen, wo es langgeht. Sonst würden sie nie ins Bett gehen, statt Gemüse nur Pommes essen und die Zähne nicht putzen. Sie sind also auf Betreuung, Unterstützung und insbesondere auf Förderung durch ihre Eltern angewiesen. Wenn Vater und Mutter dieser Aufgabe nicht gewachsen sind, muss der Staat dafür sorgen, dass die vernachlässigten Mädchen und Buben die notwendige Unterstützung erhalten. Andernfalls wäre das Kindswohl gefährdet.

Wie aber sieht es aus, wenn ein 30-Jähriger oder ein 80-Jähriger noch oder wieder eines besonderen Schutzes bedarf, wenn gar sein Wohl gefährdet ist? Die Gründe für Gefährdungen und für die Hilfsbedürftigkeit von Erwachsenen können vielfältiger Natur sein. Zu denken ist an körperliche und psychische Erkrankungen, aber auch an Unerfahrenheit oder Unfähigkeit. Klar ist heute, dass schutzbedürftige Menschen nicht einfach wie Kinder behandelt werden dürfen; es geht weder um Erziehung noch um Nacherziehung. Vielmehr sind die Selbstbestimmung und die Würde des Menschen zu beachten.

Jede Gesellschaft muss entscheiden, wie sie mit ihren schutzbedürftigen Mitgliedern umgehen will, wo sie die Grenzen setzt und wann der Staat einen Menschen fremdbestimmen soll und darf. Schwierig wird es vor allem dann, wenn solche Menschen der Überzeugung sind, dass sie keiner Hilfe bedürfen. Hier wird immer ein Spannungsfeld zwischen dem Recht auf Selbstbestimmung und dem Bedürfnis nach Schutz und Unterstützung bestehen.

Das Erwachsenenschutzrecht bezweckt nichts anderes, als die Schwächezustände zum Wohl hilfsbedürftiger Personen auszugleichen – zu diesem Zweck kann das Selbstbestimmungsrecht eingeschränkt werden. Im Vergleich zum alten Vormundschaftsrecht wird die Selbstbestimmung deutlich höher gewichtet. Es geht nicht mehr, dass der Übervater Staat alles vorschreibt. Die Selbstbestimmung auch von schwächeren Mitgliedern der Gesellschaft soll wenn immer möglich gewährleistet sein. Nur dort, wo es nicht anders geht, soll die Behörde beziehungsweise die Beiständin oder der Beistand nötigenfalls auch gegen den Willen einer schutzbedürftigen Person handeln.

Erwachsenenschutzrecht – ein Gesetz von heute

Im Kern geht es beim Erwachsenenschutzrecht um Personen, die an einem Schwächezustand leiden – einer psychischen Störung, einer geistigen Behinderung, einer Urteilsunfähigkeit oder einer vergleichbaren Schwäche – und deshalb wichtige eigene Angelegenheiten wie die Finanzen nicht mehr regeln können oder ihre Gesundheit stark vernachlässigen. Das ist die grosse Klammer dieses Gesetzes, die die einzelnen Hilfs- und Schutzinstrumente zusammenhält. Neu ist die Art, wie die Unterstützung für solche Menschen und der Umgang mit ihnen geregelt werden:

- **Selbstbestimmungsrecht:** «Eines der Ziele der Revision ist es, das Selbstbestimmungsrecht zu fördern», schreibt der Bundesrat in der Botschaft zum neuen Gesetz. Mit dem Instrument des Vorsorgeauftrags kann eine handlungsfähige Person selber bestimmen, wer im Fall der Urteilsunfähigkeit ihr Rechtsvertreter werden soll. Und mit einer Patientenverfügung kann festgelegt werden, wer medizinischen Massnahmen zustimmen oder nicht zustimmen darf, wenn man das nicht mehr selber kann (siehe Seite 24 und 41).
- **Solidarität in der Familie:** Der Ehemann, die Ehefrau sowie eingetragene Partner und Partnerinnen erhalten Rechte, die ihnen früher verwehrt waren (siehe Seite 38). «Damit wird die Solidarität in der Familie gestärkt und es wird vermieden, dass die Behörden systematisch Beistandschaften anordnen müssen», so der Bundesrat in seiner Botschaft.
- **Massgeschneiderte Massnahmen:** Im revidierten Recht haben das Verhältnismässigkeitsprinzip und die Flexibilität einen grossen Stellenwert. Statt der früheren fixen Beistand-, Beirat- und Vormundschaften gibt es nur noch definierte Beistandschaften, die flexibel an die Bedürfnisse der Schutzbedürftigen angepasst sind. Unterschieden wird zwischen drei massgeschneiderten Arten der Beistandschaft und der umfassenden Beistandschaft (siehe Seite 57).
- **Schutz von urteilsunfähigen Personen:** Fast 30 Prozent der über 80-Jährigen sind vorübergehend oder dauernd in einem von rund 1600 Alters- und Pflegeheimen untergebracht. Und viele urteilsunfähige geistig Behinderte leben in Heimen. Sie mögen dort noch so liebevoll betreut werden – sie geniessen nicht immer den Schutz, den sie brauchen. Mit schriftlichen Betreuungsverträgen wird hier Transparenz geschaffen, und die Kantone werden verpflichtet, die Institutionen zu beaufsichti-

gen. Das Gesetz regelt auch, wann bewegungseinschränkende Massnahmen erlaubt sind (mehr dazu auf Seite 109).

- **Rechtsschutz bei Einweisungen wider Willen:** Man kann es drehen und wenden, wie man will – die «fürsorgerische Freiheitsentziehung» des alten Rechts erinnerte mehr an Strafe als an Hilfe. Im Ersatz namens «fürsorgerische Unterbringung» werden die Dinge aber nicht bloss schöngeredet. Wer gegen seinen Willen in eine Klinik oder eine andere Einrichtung eingewiesen wird, hat heute mehr Rechte als früher. Gesetzlich verankert ist das Recht, eine Vertrauensperson beizuziehen; zudem müssen die Behörden periodisch die Notwendigkeit der Hospitalisation überprüfen. Heute ist auf Bundesebene festgelegt, welche Zwangsmassnahmen wann erlaubt sind – und wie man sich dagegen wehren kann (mehr zur fürsorgerischen Unterbringung auf Seite 81).
- Darüber hinaus beseitigt das revidierte Gesetz Ausgrenzungen und Stigmatisierungen:
    - Angeordnete Massnahmen werden nicht mehr in den Amtsblättern veröffentlicht.
    - Begriffe wie «Mündel» und «Vormund» wurden ersatzlos gestrichen (nur Kinder, deren Eltern gestorben sind oder die nicht unter elterlicher Sorge stehen, haben noch einen Vormund).
    - Die Begriffe «mündig» und «unmündig» gehören der Vergangenheit an. Seit Januar 2013 ist man entweder minderjährig oder erwachsen beziehungsweise volljährig.
    - Volljährige geistig Behinderte sind nicht mehr auf Gedeih und Verderben ihren Eltern ausgeliefert: Die Erstreckung der elterlichen Sorge über die Volljährigkeit hinaus ist nicht mehr möglich.

Last but not least werden die rund 1400 Vormundschaftsbehörden abgeschafft und durch rund 150 professionelle Kindes- und Erwachsenenschutzbehörden (Kesb) ersetzt. Diese haben ihre Entscheide allein aufgrund fachlicher und nicht etwa finanzieller Gesichtspunkte zu fällen. Zudem stehen sie – wie die früheren Behörden – unter einer Aufsicht.

> **INFO** *Beistand, Behörden, Gerichte – je nach Situation sind unterschiedliche Stellen involviert. Wie sie alle zusammenspielen, erfahren Sie in Kapitel 6 (Seite 131).*

> **INFO** *Die für den Schutz von Erwachsenen zuständigen Behörden kümmern sich auch um den Schutz von Kindern – daher der Name Kesb: Kindes- und Erwachsenenschutzbehörde.*

Handlungsfähigkeit, Urteilsfähigkeit: zentrale Begriffe im Erwachsenenschutz

Den Begriffen Handlungsfähigkeit und Urteilsfähigkeit – wie auch Handlungsunfähigkeit und Urteilsunfähigkeit – werden Sie in diesem Buch immer wieder begegnen. Sie sind zentral, wenn es darum geht, welche Massnahmen nötig und zulässig sind. Doch was bedeuten sie?

Handlungsfähigkeit
Die Handlungsfähigkeit ist in den Artikeln 12 und 13 ZGB definiert. Wer handlungsfähig ist, kann selbständig Rechte ausüben und Pflichten übernehmen. Er oder sie kann Verpflichtungen eingehen oder ausschlagen, Verträge abschliessen oder kündigen, Ungerechtigkeiten wegstecken oder zur Anzeige bringen. Oder juristisch ausgedrückt: Handlungsfähige Personen sind geschäfts- und deliktsfähig, vertrags- und testierfähig. Voraussetzungen, dass jemand handlungsfähig ist, sind die Volljährigkeit (18 Jahre alt) und die Urteilsfähigkeit. Handlungsunfähig (Art. 17 ZGB) sind Urteilsunfähige, Minderjährige und Personen, die unter umfassender Beistandschaft stehen (siehe Seite 64).

Neben der Handlungsfähigkeit und der Handlungsunfähigkeit gibt es noch eine Zwischenstufe: Handlungsunfähige, aber urteilsfähige Personen können gewisse Handlungen allein ausüben, beispielsweise Geschenke annehmen, und ihre höchstpersönlichen Rechte wahrnehmen (siehe nächste Seite).

Urteilsfähigkeit
Urteilsfähig ist jede Person, «der nicht wegen ihres Kindesalters, infolge geistiger Behinderung, psychischer Störung, Rausch oder ähnlicher Zustände die Fähigkeit mangelt, vernunftgemäss zu handeln», heisst es in Artikel 16 ZGB. Das Gesetz spricht von der Fähigkeit, «vernunftgemäss zu handeln»: Urteilsfähigkeit ist somit keine Intelligenzfrage. Und entgegen dem, was man aus dem Gesetzeswortlaut lesen könnte, kann jemand

auch urteilsfähig sein, wenn er oder sie unvernünftig ist. Es geht also nicht um gesellschaftlich angepasstes Verhalten. Wenn ein Mensch fähig ist, seine Handlungen in bestimmten Situationen richtig zu beurteilen, ihre Folgen einzuschätzen, ist er urteilsfähig.

Die Frage der Urteilsfähigkeit muss immer an einer bestimmten Handlung gemessen und für eine konkrete Situation beurteilt werden. Deshalb kann jemand für bestimmte Handlungen urteilsfähig und für andere urteilsunfähig sein. Ein geistig Behinderter weiss zum Beispiel, dass er nicht ohne zu zahlen aus der Migros hinauslaufen darf. Geht es um die Unterzeichnung eines Vertrags für die Cumulus-Kreditkarte, ist er aber urteilsunfähig. Oder: Eine betagte Frau kann trotz fortgeschrittener Alzheimererkrankung sehr wohl entscheiden, welchen Operationen sie zustimmt – die Vertragsklauseln einer Pflegeversicherung würde sie jedoch nicht mehr verstehen.

Die Urteilsfähigkeit einer Person kann auch nur vorübergehend fehlen, zum Beispiel bei einem Rausch oder einer Ohnmacht. Im Rahmen des Erwachsenenschutzrechts geht es in der Regel um andauernde Urteilsunfähigkeit.

Die Urteilsfähigkeit ist entweder vorhanden oder nicht vorhanden; es gibt keine Graubereiche, keine teilweise Urteilsfähigkeit. Dieses «Alles-oder-nichts-Prinzip» ist zwar nicht sehr praxisnah, erfüllt aber eine wichtige Funktion im Geschäftsverkehr: Es muss klar sein, ob ein Vertrag gültig ist oder eben aufgrund mangelnder Urteilsfähigkeit nicht zustande gekommen ist.

INFO *Urteilsunfähigkeit darf nicht mit Unzurechnungsfähigkeit verwechselt werden. Bei Letzterem handelt es sich um einen Begriff aus dem Strafgesetzbuch, dem StGB.*

Höchstpersönliche Rechte

Mit den höchstpersönlichen Rechten befasst sich das Zivilgesetzbuch in Artikel 19c. Es geht um Rechte, die derart nahe mit der Persönlichkeit eines Menschen verknüpft sind, dass nur er selber sie ausüben kann. Unterschieden wird zwischen absolut höchstpersönlichen Rechten und relativ höchstpersönlichen Rechten.

Bei **absolut höchstpersönlichen Rechten** ist keine Vertretung möglich. Das heisst, ein gesetzlicher Vertreter, eine gesetzliche Vertreterin kann diese Rechte nicht an der Stelle und im Namen einer urteilsunfähigen Person wahrnehmen. Zu diesen Rechten gehören beispielsweise:

- Anerkennen eines Kindes
- Einreichen einer Scheidungsklage
- Erstellen oder Widerrufen eines Testaments
- Errichten eines Vorsorgeauftrags
- Errichten einer Patientenverfügung
- Entscheid über religiöse Zugehörigkeit
- Entscheid über Schönheitsoperationen, Tattoos, Piercings

Bei **relativ höchstpersönlichen Rechten** ist die Vertretung von urteilsunfähigen Personen möglich. Relativ höchstpersönliche Rechte sind zum Beispiel:

- Einwilligung in ärztliche Heileingriffe, medizinische Behandlungen und in Operationen
- Unterhaltsklagen
- Eheschutzmassnahmen
- Vaterschaftsklagen
- Namensänderungen

Urteilsfähige Personen üben alle ihre höchstpersönlichen Rechte selbst aus, niemand anderes kann ihre Entscheide fällen. Die Unterscheidung von absolut und relativ höchstpersönlichen Rechten ist deshalb nur bei Urteilsunfähigkeit von Bedeutung. Kann jemand nicht selber entscheiden, ist bei den relativ höchstpersönlichen Rechten Stellvertretung zugelassen, ein Beistand kann also zum Beispiel die Einwilligung zu einer notwendigen Operation geben. Bei den absolut höchstpersönlichen Rechten ist eine Stellvertretung vollumfänglich ausgeschlossen.

1 DAS ERWACHSENENSCHUTZRECHT – EINE EINFÜHRUNG

Die eigene Vorsorge

Das Selbstbestimmungsrecht hat im Erwachsenenschutzgesetz einen hohen Stellenwert. Mit einem Vorsorgeauftrag kann man bestimmen, von wem man im Fall der Urteilsunfähigkeit vertreten werden möchte. In einer Patientenverfügung kann man für diesen Fall festlegen, welche medizinischen Massnahmen ergriffen werden sollen oder wer entscheidungsbefugt sein soll.

Selber für später bestimmen: der Vorsorgeauftrag

Wir tun uns alle schwer mit dem Gedanken, dass wir wegen eines Unfalls oder einer Krankheit urteilsunfähig werden könnten – genau wie wir uns auch nur ungern mit dem eigenen Tod auseinandersetzen. Obwohl es das Gesetz ermöglicht, zögern wir, für diesen Fall vorzusorgen. Doch wir schliessen ja auch Diebstahl-, Hausrat- und Haftpflichtversicherungen ab – obwohl wir hoffen, sie nie zu brauchen. Da spricht eigentlich nichts dagegen, auch für den Fall der Urteilsunfähigkeit vorzusorgen. Anders als eine Versicherungspolice ist diese Vorsorge erst noch gratis zu haben. Das Instrument dazu ist der Vorsorgeauftrag, geregelt in den Artikeln 360 bis 369 des ZGB.

Das Testament wird oft als «letzter Wille» bezeichnet. Der Vorsorgeauftrag ist quasi der zweitletzte Wille. Es gibt allerdings einen Unterschied: Niemand erlebt, wie sein Testament seine Wirkung entfaltet. Ein Vorsorgeauftrag hingegen tritt zu Lebzeiten in Kraft, wenn man für längere Zeit urteilsunfähig ist. Wann dies der Fall ist, entscheidet die Kesb. Verstandesmässig erfasst man das alles zwar nicht mehr. Doch wer weiss schon so genau, was jemand bei einer Demenz, einer schweren geistigen Störung oder im Koma emotional mitbekommt.

Das sagt das Gesetz

«Eine handlungsfähige Person kann eine natürliche oder juristische Person beauftragen, im Falle ihrer Urteilsunfähigkeit die Personensorge oder die Vermögenssorge oder die Vermögensverwaltung zu übernehmen oder sie im Rechtsverkehr zu vertreten», heisst es in Artikel 360 des ZGB. Was bedeutet das alles? Der Reihe nach:
- Die (Vorsorge-)Auftraggeberin muss handlungsfähig sein: Handlungsfähig ist, wer volljährig und urteilsfähig ist und nicht unter umfassender Beistandschaft steht (siehe auch Seite 18).

- Vorsorgebeauftragte können sowohl natürliche als auch juristische Personen sein. Natürliche Personen sind Privatpersonen – also Eltern, Nachbarn, Freunde und Bekannte. Juristische Personen sind Organisationen – Aktiengesellschaften, Genossenschaften, Gesellschaften mit beschränkter Haftung (GmbH), Stiftungen und Vereine.
- Ein Vorsorgeauftrag ist ein Vertrag. Durch die Annahme des Auftrags verpflichtet sich die beauftragte Person, die ihr übertragenen Geschäfte vertragsgemäss zu besorgen (so regelt es das Obligationenrecht in Art. 394).
- Die Personensorge umfasst die Fürsorge in persönlichen Angelegenheiten sowie Hilfestellungen im Alltag. Auch die allgemeine Gesundheitssorge kann dazugehören, etwa die Anstellung von Pflegepersonal oder Entscheide über Spital- und Heimaufenthalte.
- Bei der Vermögenssorge geht es um finanzielle Fragen; sie betrifft sowohl das Einkommen wie auch das Vermögen. Sie beinhaltet die Verwaltung des Vermögens, des Zahltags, der Renten sowie das Begleichen von anstehenden Rechnungen und das Einhalten von finanziellen Verpflichtungen.
- Rechtsverkehr ist nötig, um die Personen- und Vermögenssorge bei Amtsstellen, Versicherern, privaten und öffentlichen Einrichtungen und Privatpersonen zu gewährleisten. Jemanden «im Rechtsverkehr vertreten» heisst, für diese Person gültig Verträge und Verpflichtungen eingehen oder kündigen zu können.

Was bringt ein Vorsorgeauftrag?

Krankheiten und Unfallfolgen, die früher den Tod herbeiführten, können heute mit ärztlichen Eingriffen und Medikamenten besser behandelt werden. Der medizinische Fortschritt verlängert das Leben; ein Patient kann aber für lange Zeit das Bewusstsein und somit die Urteilsfähigkeit verlieren. Auch die hohe Lebenserwartung führt zu mehr urteilsunfähigen Personen, denn im Alter steigt das Risiko, an Alzheimer und anderen Formen der Demenz zu erkranken. Mit dem Vorsorgeauftrag haben Menschen die Möglichkeit, das Selbstbestimmungsrecht auch für die Zeit der Urteilsunfähigkeit zu wahren. Man kann festlegen, wer die Personensorge, die Vermögenssorge und den Rechtsverkehr – oder auch nur Teile davon – übernehmen soll. Und man kann auch bestimmen, was die beauftragte Person nicht tun darf.

BASIL F. STUDIERT NOCH und wohnt in einer WG. Dass es Patientenverfügungen und Vorsorgeaufträge gibt, hat er schon mal irgendwo gehört, interessiert ihn aber nicht sonderlich. Schliesslich ist er erst 24 und glaubt noch, dass er für immer fit sein wird. Was, wenn er erkrankt oder verunfallt und urteilsunfähig wird? Dann muss er verbeiständet werden. In medizinischen Belangen jedoch können ihn seine Eltern vertreten; sie können den von den Ärzten vorgeschlagenen Massnahmen zustimmen oder sie verweigern. Wenn Basil F. das nächste Mal seine Eltern besucht, sollten sie ihm erklären, dass sie im Fall seiner Urteilsunfähigkeit immer noch eine grosse Verantwortung für ihn zu tragen hätten.

INFO *Das Bundesgesetz über die politischen Rechte bestimmt, dass diejenigen Bürger und Bürgerinnen vom Stimm- und Wahlrecht ausgeschlossen sind, die durch eine vorsorgebeauftragte Person vertreten werden. Dies kann man als Diskriminierung auffassen. Anderseits: Wer nicht für sich selbst sorgen kann, interessiert sich wohl kaum für das politische Geschehen im Land.*

Was gehört in den Vorsorgeauftrag?

Wenn Sie jemanden in Ihrem Vorsorgeauftrag beauftragen, darf diese Person nicht nach eigenem Gutdünken schalten und walten. Sie muss in Ihrem Sinn handeln und entscheiden. Damit sie dies tun kann, müssen Sie festlegen, wie der Auftrag auszuführen ist und in welchen Tätigkeitsfeldern gehandelt werden soll. Hier die wichtigsten Punkte (eine Vorlage finden Sie im Anhang):

- Sie können festlegen, wer Ihr Einkommen und Ihr Vermögen verwalten soll. Beauftragen können Sie sowohl natürliche wie auch juristische Personen. Sie können auch Anordnungen treffen, wie die Aufgaben zu erfüllen sind, oder bestimmte Vorkehrungen verbieten. Sie können zum Beispiel bestimmen, wem Geld geschenkt werden soll, wer ein Darlehen erhalten soll, wem Sie regelmässig Spenden ausrichten möchten, mit welchen Geldern Börsengeschäfte getätigt werden sollen oder welche Konten auf keinen Fall aufgelöst werden dürfen.
- Weiter können Sie bestimmen, wer Ihre persönliche Pflege übernehmen soll, wie diese Pflege aussehen soll, wann Ihre Wohnung aufgelöst

2 ■ ■ ■ DIE EIGENE VORSORGE

werden soll und Ähnliches. Kein Vertretungsrecht besteht für die absolut höchstpersönlichen Rechte (siehe Seite 20).
- Damit die beauftragte Person alle notwendigen Vorkehrungen treffen und Verträge abschliessen oder kündigen kann, können Sie sie als Ihre generelle Vertretung im Rechtsverkehr aufführen.
- Sinnvoll ist es, eine Ersatzfrau, einen Ersatzmann zu bestimmen für den Fall, dass die Nummer eins das Mandat nicht übernehmen kann oder irgendwann nicht mehr in der Lage ist, die Aufgaben auszuführen.
- Sinnvoll ist es auch, das Verhältnis zu allfälligen früher verfassten Vorsorgeaufträgen zu regeln, zum Beispiel mit folgender Formulierung: «Dieser Vorsorgeauftrag ersetzt sämtliche vorhergehenden.» Oder: «Dieser Vorsorgeauftrag ergänzt den Vorsorgeauftrag vom 20. August 2013.»
- Falls zusätzlich eine Patientenverfügung besteht, sollten Sie im Vorsorgeauftrag darauf hinweisen.
- Hilfreich ist, wenn im Vorsorgeauftrag die Entschädigung für die beauftragte Person geregelt ist.

SOPHIE V. IST 70 JAHRE ALT und verwitwet. Sie lebt von den Renten von AHV und Pensionskasse und von ihrem Ersparten. Sie schreibt einen kurzen Vorsorgeauftrag: Die Vermögenssorge, die Personensorge und den Rechtsverkehr hat sie für den Fall ihrer Urteilsunfähigkeit ihrem Sohn übertragen. Sicherheitshalber setzt sie auch ihre Tochter ein – für den Fall, dass ihr Sohn den Auftrag nicht übernehmen kann oder will. Oder dass er, nachdem der Auftrag in Kraft gesetzt worden ist, diesen irgendwann nicht mehr ausführen kann.

In einem Vorsorgeauftrag können auch mehrere Personen aufgeführt sein: die Hausbank für die Vermögensverwaltung und den Rechtsverkehr; die Freundin, eine Verwandte oder beide zusammen für die Personensorge. Es ist ratsam, in solchen Fällen genau festzuhalten, wer wofür zuständig ist. Gibt es mehrere Beauftragte und sind die Aufgaben nicht eindeutig zugeteilt, müssen die Beauftragten jeden Entscheid gemeinsam und einstimmig fällen.

DIE 45-JÄHRIGE TINKA G. IST SINGLE. Im Vorsorgeauftrag setzt sie ihre Freundin Emma T. ein, eine Prokuristin. Diese soll sie im Fall ihrer Urteilsunfähigkeit in der Vermögenssorge und im Rechtsverkehr vertreten. Die Personensorge überträgt sie jedoch ihrer Schwester und regelt die Details in einer Patientenverfügung. Zudem soll ihr Patensohn, so oft er will, ihre Ferienwohnung im Berner Oberland benutzen können – zumindest so lange, wie ihr Einkommen und ihr Vermögen den Unterhalt der Wohnung decken. Sollte das eines Tages nicht mehr der Fall sein, soll Emma T. die Wohnung verkaufen. Der Patensohn soll dann das Vorkaufsrecht haben.

INFO *In Ihren Vorsorgeauftrag können Sie auch eine Patientenverfügung integrieren und festlegen, wer später einmal über medizinische Massnahmen bestimmen soll – wobei Sie diese Aufgabe nur einer natürlichen Person übertragen dürfen, also nicht einer Firma oder Insitution. Sinnvoller ist es aber, für Patientenverfügung und Vorsorgeauftrag zwei unterschiedliche Dokumente zu verfassen (zur Patientenverfügung siehe Seite 41).*

Wie detailliert muss ein Vorsorgeauftrag sein?

Frage: «Muss ich in einem Vorsorgeauftrag detailliert auflisten, wie die Personensorge, die Vermögenssorge und die Vertretung im Rechtsverkehr aussehen sollen? Ich weiss das doch jetzt noch nicht so genau. Zudem vertraue ich darauf, dass meine Freundin sowieso in meinem Sinn entscheiden wird.»

Antwort: Es ist empfehlenswert, die Aufgaben möglichst genau zu beschreiben. Zwingend ist es aber nicht. Fehlt eine detaillierte Aufgabenbeschreibung, wird angenommen, dass der Auftrag für die ganze Personensorge, die Vermögenssorge und den gesamten Rechtsverkehr gelten soll. Zwingend ist hingegen, dass Sie die beauftragte Person genau bestimmen – möglichst mit Namen, Geburtsdatum und Wohnort. Lassen Sie sich nicht auf die Äste hinaus; bezeichnen Sie Ihre Freundin nicht bloss mit «meine Freundin». Dies könnte zu Spekulationen Anlass geben und Ihr Vorsorgeauftrag müsste für ungültig erklärt werden. Die beauftragte Person muss also klar bestimmbar sein.

Vorsorgeauftrag für eingetragene Partner und für Ehepaare

Frage: «Ich lebe in eingetragener Partnerschaft. Wenn ich im Koma liege oder dement werde, wird mein Partner für mich sorgen und alle meine Pendenzen erledigen. Soll ich trotzdem einen Vorsorgeauftrag schreiben?»

Antwort: Genau wie für Eheleute gilt für Sie und Ihren Partner das Vertretungsrecht (siehe Seite 38). Für ausserordentliche Vermögensverwaltungen – etwa für die Liquidation eines Geschäfts, die Veräusserung von Liegenschaften und Wertgegenständen, den Verkauf von Wertpapieren oder Börsengeschäfte – müsste Ihr Partner jedoch das Einverständnis der Kesb einholen. In einem Vorsorgeauftrag dagegen können Sie regeln, dass Ihr Partner solche Geschäfte ohne Zustimmung der Behörde erledigen darf.

Auch falls Sie Ihrem Partner diese Aufgaben nicht zutrauen sollten, wäre ein Vorsorgeauftrag empfehlenswert, in dem Sie für die ganze Personensorge, die Vermögenssorge und den Rechtsverkehr eine andere Person Ihres Vertrauens beauftragen. Sonst gilt das normale Vertretungsrecht.

Wie schreibt man einen Vorsorgeauftrag?

Wie für ein Testament gibt es auch für den Vorsorgeauftrag strenge Formvorschriften. Es reicht nicht, ein vorgefertigtes Muster zu datieren und zu unterschreiben – zu wichtig und zu persönlich sind die Dinge, die im Fall der Urteilsunfähigkeit an eine Drittperson delegiert werden. Wer einen Vorsorgeauftrag erstellen will, hat zwei Möglichkeiten.

Der eigenhändige Vorsorgeauftrag

Den Vorsorgeauftrag muss man von A bis Z von Hand schreiben, datieren und unterschreiben. Fehlt das Datum, führt dies – wie bei einem Testament – nicht zwingend zur Ungültigkeit (Art. 520a ZGB), falls sich der Zeitpunkt der Errichtung auf andere Weise feststellen lässt. Damit der Vorsorgeauftrag aber nicht zum Gegenstand juristischer Auseinandersetzung wird, ist es besser, sich an die Formvorschriften zu halten. Nebst Unterschrift und Datum auch den Ort anzugeben, ist nicht zwingend, aber auch nicht falsch.

Öffentlich beurkundeter Vorsorgeauftrag

Wenn Sie wegen körperlicher Gebrechen nicht schreiben können oder wenn Sie möglichen Zweifeln Ihrer Angehörigen oder der Behörde an Ihrer Urteilsfähigkeit zum Zeitpunkt der Errichtung vorbeugen wollen, können Sie Ihren Vorsorgeauftrag öffentlich beurkunden lassen. Dies empfiehlt sich auch, wenn Sie eine allfällige Behauptung, der Vorsorgeauftrag sei unter Zwang geschrieben worden, von Anfang an entkräften wollen.

Öffentliche Beurkundung bedeutet, dass der Vorsorgeauftrag bei einer Urkundsperson, meist bei einem Notar oder einer Notarin, gemacht wird. Öffentlich ausgeschrieben wird er deswegen nicht. Die Notariatskosten sind kantonal unterschiedlich; sie können sich auf 300 bis 1000 Franken oder mehr belaufen.

Kein Zwang, einen Vorsorgeauftrag zu schreiben
Frage: «Meine Mutter hat im Altersheim einen vorgefertigten Vorsorgevertrag erhalten, den sie abschreiben und im Stationsbüro abgeben soll. Muss sie dies tun?»
Antwort: Niemand kann gezwungen werden, einen Vorsorgeauftrag zu verfassen. Zudem ist es fraglich, ob ein Vorsorgeauftrag, den man unter Zwang errichtet, tatsächlich dem eigenen Willen entspricht. Stellt sich heraus, dass ein Vorsorgeauftrag nicht dem freien Willen entspricht, muss er für ungültig erklärt werden und kann nicht in Kraft gesetzt werden.

Ihre Mutter kann zudem nicht gezwungen werden, den Vorsorgeauftrag dem Personal abzugeben. Sinnvoll ist aber, wenn das Personal und die Angehörigen wissen, wo sie ihren Vorsorgeauftrag aufbewahrt – wenn sie denn einen schreibt.

> **INFO** *Solange Sie urteilsfähig sind, können Sie den Vorsorgeauftrag jederzeit widerrufen, zum Beispiel indem Sie die Urkunde vernichten. Wenn Sie einen neuen Vorsorgeauftrag schreiben, ohne den alten zu vernichten, tritt der neue an die Stelle des früheren. Vergessen Sie nicht, solche Änderungen dem Zivilstandsamt mitzuteilen, sofern Sie Ihren Vorsorgeauftrag dort haben eintragen lassen (siehe Seite 32).*

Geld für die beauftragte Person

Die beauftragte Person hat Anspruch auf eine Entschädigung – allerdings erst, wenn der Auftrag in Kraft getreten ist und sie tätig wird. Bei Profis wie Anwälten, Treuhänderinnen oder Bankangestellten müssen Sie schnell einmal mit 200 Franken pro Stunde rechnen. Für Privatpersonen empfiehlt sich ein Stundenansatz von 25 bis 30 Franken. Fragen Sie Ihre

Vertrauensperson, welche Entschädigung sie sich vorstellt, und vermerken Sie den Betrag im Vorsorgeauftrag. Natürlich kann die bevollmächtigte Person auch auf ein Honorar verzichten.

Ist nichts festgehalten, legt die Kesb unter Umständen den Tarif fest. Enthält der Vorsorgeauftrag nämlich keine Hinweise zur Entschädigung, kann dies mindestens zwei Gründe haben: Entweder haben Sie diesen Punkt vergessen oder Sie haben sich dafür entschieden, dass der Auftrag unentgeltlich ausgeführt werden soll. Im ersten Fall kann die Behörde eine Entschädigung festlegen. Deshalb: Halten Sie fest, wofür Sie sich entscheiden. Notwendige Spesen dürfen Ihrem Konto so oder so belastet werden.

Anforderung an die Vorsorgebeauftragten
Frage: «Ich trage mich mit dem Gedanken, einen guten Freund in meinem Vorsorgeauftrag einzusetzen. Er ist damit einverstanden. Stellt das Gesetz bestimmte Anforderungen an die Vorsorgebeauftragten?»
Antwort: An die vorsorgebeauftragte Person werden keine allzu hohen Anforderungen gestellt. Sie muss für die vorgesehenen Aufgaben persönlich und fachlich geeignet sein, die erforderliche Zeit einsetzen und die Aufgaben wahrnehmen können. Damit sie die nötigen Rechtsgeschäfte abschliessen kann, muss sie handlungsfähig sein. Wird eine juristische Person eingesetzt, muss der Mitarbeiter im Betrieb, der die Aufgaben dann tatsächlich wahrnimmt, persönlich und fachlich die nötigen Fähigkeiten mitbringen.

So wird der Vorsorgeauftrag sicher gefunden

Ein Vorsorgeauftrag, von dem niemand etwas weiss, ist so gut wie inexistent. Ihre Angehörigen, Freunde und Vorsorgebeauftragten sollten wissen, dass ein solcher besteht und wo er aufbewahrt wird. Sie selbst können es ihnen ja unter Umständen nicht mehr sagen, wenn Sie urteilsunfähig geworden sind.

Der Vorsorgeauftrag soll schnell gefunden werden. Der Banksafe dürfte daher kein geeigneter Ort sein. Am besten bewahren Sie ihn dort auf, wo auch das Testament, der Pass und andere wichtige Dokumente liegen. Selbstverständlich können Sie ihn auch einer Person Ihres Vertrauens übergeben.

Eintragen lassen

Wollen Sie sichergehen, dass die Kesb im Fall Ihrer Urteilsunfähigkeit erfährt, dass Sie einen Vorsorgeauftrag haben? Dann wenden Sie sich ans Zivilstandsamt und lassen Sie ihn im Personenstandsregister eintragen. Die Behörde muss nämlich, wenn sie Kenntnis von einer urteilsunfähigen Person erhält, beim Zivilstandsamt nachfragen, ob ein Vorsorgeauftrag vorliegt.

Beim Zivilstandsamt können Sie den Hinterlegungsort Ihres Vorsorgeauftrags eintragen lassen. Hinterlegt werden kann er dort aber nicht. Es ist deshalb nicht nötig, ihn beim Gang aufs Amt mitzunehmen. Das Zivilstandsamt bietet auch keine Beratung zu Vorsorgeaufträgen.

In den Kantonen Aargau, Thurgau und Zürich kann der Vorsorgeauftrag bei der Kesb hinterlegt werden. Fragen Sie bei der zuständigen Behörde nach, ob dies auch in Ihrem Kanton möglich ist. Damit können Sie sich die Kosten der Eintragung im Personenstandsregister des Zivilstandsamts sparen.

GEBÜHREN FÜR DIE EINTRAGUNG DES VORSORGEAUFTRAGS

Die Gebühren sind in der «Verordnung über die Gebühren im Zivilstandswesen» geregelt:
- Eintragung der Tatsache, dass eine Person einen Vorsorgeauftrag errichtet hat, sowie des Hinterlegungsorts: Fr. 75.–
- Änderung des Eintrags: Fr. 75.–
- Löschung des Eintrags: Fr. 75.–
- Zusätzliche Bestätigung: Fr. 30.–

Frage: «Ich bin gehbehindert und kann nicht aufs Zivilstandsamt gehen, um meinen Vorsorgeauftrag dort eintragen zu lassen. Kann ich meinen Sohn schicken?»

Antwort: Nein. Wenn es Ihnen nicht möglich ist, selber auf das Zivilstandsamt zu gehen, kommen die Beamten zu Ihnen nach Hause. Mit einer separaten Vollmacht könnten Sie eine Urkundsperson mit der Anmeldung bevollmächtigen, auch wenn Ihr Vorsorgeauftrag nicht öffentlich beurkundet wurde. Weitere Stellvertretungen, etwa durch ein Familienmitglied, sind nicht vorgesehen.

Genügt eine normale Vollmacht nicht?

Vor 2013 behalfen sich die Angehörigen urteilsunfähiger Personen oft, indem sie dringende Angelegenheiten einfach erledigten, «ohne zu klären, ob sie tatsächlich rechtsgültig ermächtigt worden sind», wie der Bundesrat in der Botschaft zum Erwachsenenschutzrecht schreibt. Daneben stellten viele, die für den Fall ihrer Urteilsunfähigkeit vorsorgen wollten, Vollmachten aus mit der Klausel: «Diese Vollmacht gilt auch für den Fall meiner Urteilsunfähigkeit.» Eine solche Vollmacht ist in ihrer Wirkung ähnlich wie der Vorsorgeauftrag. Doch es gibt Unterschiede:
- Eine Vollmacht gilt schon, wenn der Vollmachtgeber (noch) urteilsfähig ist und den Bevollmächtigten überwachen kann.
- Tritt dann Urteilsunfähigkeit ein, gibt es anders als beim Vorsorgeauftrag keine Überprüfung durch die Behörde. Zudem untersteht die Vollmacht auch nicht den strengen Formvorschriften (Handschriftlichkeit, öffentliche Beurkundung).

Deshalb stellt sich die Frage, ob Vollmachten mit Weitergültigkeitsklausel für den Fall der Urteilsunfähigkeit unter neuem Recht noch gültig sind. Dies wird von Fachleuten bejaht. Werden aber Handlungen erst für den Zeitpunkt der Urteilsunfähigkeit festgesetzt – zum Beispiel: «Wenn ich urteilsunfähig bin, soll mein Bruder meine Rente verwalten.» –, muss zwingend ein Vorsorgeauftrag geschrieben werden.

Zudem hat das Bundesgericht bei Vollmachten eine weitere Schranke gesetzt, die wohl auch unter neuem Recht Gültigkeit hat: Wenn der Vollmachtgeber, allenfalls trotz teilweiser Urteilsfähigkeit, die Bevollmächtigte auch nicht mehr ansatzweise überwachen kann, kann nicht mehr mit Vollmachten gearbeitet werden. Dann braucht es einen Vorsorgeauftrag oder eine Beistandschaft.

Ihre Wahlmöglichkeiten
- Sie schreiben ausschliesslich einen Vorsorgeauftrag.
- Sie erstellen eine Vollmacht mit Weitergültigkeitsklausel und verfassen zusätzlich einen Vorsorgeauftrag, der dann in Kraft tritt, wenn Sie urteilsunfähig werden.
- Sie verfassen eine Vollmacht mit Weitergültigkeitsklausel. Zusätzlich weisen Sie darauf hin, dass das gesamte Dokument bei Unklarheiten

auch als Vorsorgeauftrag zu behandeln ist. Dabei müssen Sie für das gesamte Dokument die Formvorschriften einhalten, es also handschriftlich verfassen oder notariell beglaubigen lassen.

Frage: «Ich habe meiner Schwägerin eine Generalvollmacht ausgestellt, die auch im Fall meiner Urteilsunfähigkeit gelten soll. Ist das nun nicht mehr möglich?»
Antwort: Doch. Dank dem Wörtchen «auch» ist dies möglich. Nicht möglich wäre hingegen eine Vollmacht, die einzig und allein auf den Zeitpunkt der Urteilsunfähigkeit hin gelten soll. Dies wäre eine Umgehung der Vorschriften zum Vorsorgeauftrag. Niemand soll sich dem Schutz entziehen können, den das Erwachsenenschutzrecht Urteilsunfähigen ermöglicht. Kommt dazu, dass Vollmachten von Dritten nicht akzeptiert werden müssen.

> **ÜBERLEGUNGEN ZUM VORSORGEAUFTRAG**
>
> Ob Sie einen Vorsorgeauftrag verfassen wollen, ist gut zu überlegen. Auch wenn der Vorsorgeauftrag unter dem Titel der Selbstbestimmung steht und dementsprechend positiv beurteilt wird, hat die Medaille eine andere Seite: Selbstbestimmung ist immer mit Eigenverantwortung gepaart. Sie müssen deshalb gut prüfen, ob in Ihrem Vorsorgeauftrag die richtigen Aufgaben erfasst sind und ob Sie die richtige Person für diese Aufgaben bezeichnet haben.
>
> Seien Sie sich auch bewusst, dass nach Abschluss der behördlichen Überprüfung und nach der Einsetzung der vorsorgebeauftragten Person keine weitere Überprüfung mehr vorgesehen ist. Die vorsorgebeauftragte Person handelt also weitgehend nach ihrem Gutdünken. Und Sie selber sind zu diesem Zeitpunkt ja urteilsunfähig und können sich beispielsweise nur noch beschränkt gegen eine missbräuchliche Finanzverwaltung wehren.
>
> Dies im Unterschied zu einer Beistandschaft. Zwar ist auch dort ein Fehlverhalten des Beistands nicht ausgeschlossen. Seine Mandatsführung steht aber unter der regelmässigen Aufsicht der Behörde.
>
> Mit diesen Bemerkungen soll nicht der Vorsorgeauftrag gegen die Beistandschaft ausgespielt werden. Es ist aber eine Risikoabwägung, die sorgfältig vorgenommen werden muss.

Der Vorsorgeauftrag tritt in Kraft

Ihr Vorsorgeauftrag tritt erst in Kraft, wenn Sie urteilsunfähig sind. Doch weder Sie noch die beauftragte Person entscheiden, wann dies der Fall ist. Auch dann nicht, wenn die beauftragte Person bereits eine Bestätigung unterzeichnet hat, dass sie bereit ist, den Auftrag anzunehmen und gemäss Ihren Vorgaben auszuüben.

Wird jemand urteilsunfähig, kommt die Kesb ins Spiel. Haben Sie deshalb Anhaltspunkte, dass dies bei jemandem in Ihrem Umfeld der Fall ist, sollten Sie sich an die Behörde wenden. Die Feststellung der Urteilsunfähigkeit ist dann deren Sache.

Die Aufgabe der Kesb

Wenn die Behörde feststellt, dass jemand urteilsunfähig geworden ist, erkundigt sie sich beim Zivilstandsamt, ob ein Vorsorgeauftrag eingetragen ist (siehe Seite 32). Ist dies der Fall, erhält die Behörde Zugang zu den Daten und wird ihn sich beschaffen. Auch wenn mit der Meldung ein Vorsorgeauftrag eingereicht wird, gelangt die Behörde routinemässig ans Zivilstandsamt. So können Zweifel ausgeräumt werden, ob der eingereichte Vorsorgeauftrag ergänzt, ersetzt oder widerrufen wurde.

Zuerst muss die Kesb aber abklären, ob die betroffene Person tatsächlich urteilsunfähig ist. Die Urteilsunfähigkeit muss von einer gewissen Dauer sein; ein Alkoholrausch reicht nicht. Zudem ist es auch möglich, dass jemand nur teilweise urteilsunfähig ist, also nur in Bezug auf gewisse Geschäfte des Vorsorgeauftrags und nicht auf alle. Dann wird die Behörde den Vorsorgeauftrag wohl teilweise in Kraft setzen.

Der Vorsorgeauftrag wird überprüft
Weiter muss die Behörde prüfen, ob der Vorsorgeauftrag gültig errichtet worden ist. Dazu werden verschiedene Punkte unter die Lupe genommen:
- Der Vorsorgeauftrag muss den Formvorschriften entsprechen und als Originaldokument vorliegen. Wenn nicht, hat er keine Gültigkeit; er

ist aber wohl Anhaltspunkt dafür, was der mutmassliche Wille der urteilsunfähigen Person ist. Dann wird die Behörde eine Beistandschaft anordnen und wenn möglich die vorgesehene Person als Beiständin einsetzen.
- Zum Zeitpunkt der Errichtung muss die auftraggebende Person handlungsfähig gewesen sein. Das heisst, sie muss volljährig gewesen sein und durfte nicht unter umfassender Beistandschaft stehen.
- Der Inhalt des Vorsorgeauftrags darf weder widerrechtlich noch sittenwidrig sein, darf nicht gegen Rechtsnormen verstossen und muss umsetzbar sein. Schreiben Sie also keine Dinge, die verboten sind oder sich schlichtweg nicht umsetzen lassen.
- Die eingesetzte Person muss handlungsfähig sein, sich für das Mandat eignen und dieses auch übernehmen wollen.

Sind alle diese Voraussetzungen gegeben, setzt die Kesb die vorsorgebeauftragte Person ein und händigt ihr eine Urkunde aus, aus der ersichtlich ist, worin ihre Kompetenzen bestehen.

INFO *Die Behörde prüft auch, ob Handlungsbedarf besteht für Angelegenheiten, die im Vorsorgeauftrag nicht erfasst worden sind. Wenn dies der Fall ist, wird für diesen Bereich in der Regel eine Beistandschaft errichtet. Sinnvollerweise wird als Beiständin die im Vorsorgeauftrag vorgesehene Person eingesetzt.*

Das müssen beauftragte Personen wissen

Die Behörde stellt Ihnen eine Urkunde aus. Mit dieser können Sie über das Bankkonto verfügen, Verträge kündigen und abschliessen oder auch über eine medizinische Behandlung entscheiden – je nachdem, wie Ihr Auftrag lautet.

Den Wortlaut des Vorsorgeauftrags dürfen Sie nicht uminterpretieren. Massgebend ist immer der Wille der Verfasserin, des Verfassers. Sind Ihnen gewisse Punkte nicht klar, müssen Sie sich an die Behörde wenden, die den Auftrag in Nebenpunkten auslegen kann. Ein Beispiel: Wenn für neun von zehn Konten eine Bestimmung vorliegt, wird die Behörde diese Bestimmung auch auf das zehnte Konto ausdehnen. Es wäre unverhältnismässig, wegen dieses einen Bankkontos eine Beistandschaft zu errichten (es sei denn, dies entspricht dem Willen des Verfassers).

Sobald Geschäfte erledigt werden müssen, die nicht vom Vorsorgeauftrag erfasst sind, müssen Sie an die Kesb gelangen. Diese wird die Angelegenheit prüfen und für diese Geschäfte unter Umständen eine Beistandschaft errichten. Spricht nichts dagegen, können Sie als Beistand oder Beiständin eingesetzt werden.

Rechenschaft ablegen

Sie nehmen Ihre Aufgaben nach den Bestimmungen des Obligationenrechts wahr (Art. 394 ff. OR). Aus dem OR ergibt sich auch, dass Sie stets in der Lage sein müssen, Rechenschaft über Ihre Geschäftsführung abzulegen (Art. 400 OR). Auch Ihre Haftung richtet sich nach dem OR (dies steht in Art. 456 ZGB). Es ist also notwendig, dass Sie Ihre Handlungen dokumentieren und wenn Sie mit der Vermögensverwaltung beauftragt sind, auch eine Buchhaltung führen.

Wenn Ihnen eine Entschädigung zusteht, dürfen Sie sich den vereinbarten Betrag und die notwendigen Spesen gleich selbst aus dem Vermögen auszahlen. Auch dies ist zu dokumentieren.

Interessenkollisionen

Es ist möglich, dass eine Interessenkollision vom Verfasser des Vorsorgeauftrags bewusst in Kauf genommen worden ist. Aufgrund des Vertrauensverhältnisses zwischen Ihnen und der mittlerweile urteilsunfähigen Person wäre dies denkbar. Sie müssen aber unverzüglich die Kesb benachrichtigen, wenn eine Interessenkollision auftaucht, die der Verfasser offensichtlich nicht in Kauf genommen hat – oder von der er nicht wissen konnte, dass sie entstehen könnte. Das dürfte zum Beispiel dann der Fall sein, wenn die vorsorgebeauftragte und die urteilsunfähige Person irgendwann unvorhergesehen zur selben Erbengemeinschaft gehören und unterschiedliche Interessen haben.

Das Ende des Auftrags

Ihr Auftrag endet, wenn die urteilsunfähige Person wieder urteilsfähig wird (zum Beispiel aus einem Koma erwacht). Der Auftrag endet ebenfalls, wenn die urteilsunfähige Person stirbt. Sofern Sie nicht Erbe sind, dürfen Sie sich nicht in den Erbgang einmischen.

Sie können Ihren Auftrag jederzeit kündigen. Auch eine Kündigung auf Mitte eines Monats ist möglich. Sie müssen lediglich eine zweimonatige Kündigungsfrist einhalten. Wenn mehrere Personen zusammen einen Auftrag ausführen, kann jede für sich allein kündigen. Sind wegen einer Kündigung die Interessen der auftraggebenden Person nicht mehr gewährleistet – was oft der Fall sein dürfte –, hat die Behörde zu prüfen, ob eine Beistandschaft errichtet werden muss.

> **INFO** Aus wichtigen Gründen können Sie den Auftrag fristlos kündigen. Zu denken ist an verschiedene Gegebenheiten, etwa an Streit mit der Verfasserin des Vorsorgeauftrags oder mit deren Umfeld, an Krankheiten oder unvorhergesehene Änderungen in Ihren persönlichen Verhältnissen.

Die Behörde redet ein Wörtchen mit
Wenn jemand die Interessen der urteilsunfähigen Person gefährdet, sie nicht oder bloss unzureichend wahrnimmt, schreitet die Behörde ein. Sie kann Weisungen erteilen oder den Auftrag ganz oder teilweise entziehen. Ein teilweiser Entzug ist denkbar, wenn Sie sich für die Aufgaben nicht mehr eignen oder wenn sich die Verhältnisse so sehr geändert haben, dass Sie damit überfordert sind. Wird Ihnen der Auftrag ganz entzogen und hat die auftraggebende Person keine Ersatzverfügungen errichtet – zum Beispiel eine weitere Person vorgesehen –, muss eine Beistandschaft errichtet werden.

Kein Vorsorgeauftrag? Das Vertretungsrecht von Verheirateten und eingetragenen Partnern

Werden ledige Personen, die keinen Vorsorgeauftrag errichtet haben, urteilsunfähig, wird die Kesb für sie eine Beistandschaft errichten. Anders ist die Situation für Ehepaare oder für in eingetragener gleichgeschlechtlicher Partnerschaft Lebende. Wenn eine Seite urteilsunfähig wird und kein Vorsorgeauftrag und auch keine Vertretungsbeistandschaft besteht (siehe Seite 58), haben Eheleute sowie eingetragene Partner und Partnerinnen ein Vertretungsrecht (Art. 374 ZGB). Für Konkubinatspartner gilt dies nicht.

KATHARINA R. UND URSULA W. leben in eingetragener Partnerschaft. Beide haben sie weder einen Vorsorgeauftrag noch eine Patientenverfügung geschrieben. Im Fall der Urteilsunfähigkeit wird die eine die andere in fast allen Lebensbereichen vertreten können. Nur für Rechtshandlungen im Rahmen der ausserordentlichen Vermögensverwaltung (siehe Seite 29) wird die Partnerin jeweils die Zustimmung der Kesb einholen müssen.

Das Vertretungsrecht besteht, wenn das Ehepaar oder das eingetragene Paar zusammenlebt oder sich regelmässig und persönlich Beistand leistet. Der Zivilstand ist also nicht allein entscheidend. Zerstrittene, getrennt lebende Eheleute haben kein Vertretungsrecht, der Ehemann, der sich um seine Frau im Pflegeheim kümmert, hingegen schon. Gleiches gilt für sogenannte «Living-apart-together»-Paare. Entscheidend ist, dass die Beziehung gelebt wird. Zudem muss der Partner, der den anderen vertritt, noch urteilsfähig sein. Das gesetzliche Vertretungsrecht umfasst drei Bereiche:

- Alle Rechtshandlungen, die zur Deckung des Unterhaltsbedarfs erforderlich sind – etwa das Abrechnen mit der Krankenkasse oder dem Heim.
- Die ordentliche Verwaltung von Einkommen und übrigen Vermögenswerten. Partner dürfen zum Beispiel Geld vom Konto nehmen, um die üblichen Rechnungen zu bezahlen.
- Die Post darf nötigenfalls geöffnet werden – aber nur, wenn sie erledigt wird. Dieses Recht soll nicht einfach die Neugier befriedigen. Im Übrigen sind mit dem Begriff «Post» auch E-Mails gemeint.

Für alle weiterreichenden Handlungen braucht es die Zustimmung der Behörde.

THOMAS B. IST SELBSTÄNDIGER SCHREINER. Er leidet an einer Krankheit, die irgendwann zur Urteilsunfähigkeit führen kann. Sollte sich die Krankheit verschlimmern, wird seine Ehefrau Silvia das Vertretungsrecht haben für alle Rechtshandlungen, die zur Deckung des Unterhalts erforderlich sind. Sie kann zum Beispiel Versicherungsleistungen geltend machen oder Schulden von Gläubigern einfordern. Sie wird auch das Einkommen und das Vermögen verwalten können. Mit dem ganzen Drum und Dran der Schreinerei wäre sie jedoch hoffnungslos überfordert. Deshalb will Thomas B. in einem Vorsorgeauftrag seinen Treuhänder mit diesen Aufgaben beauftragen. Eine Patientenverfügung findet er nicht nötig. In nächtelangen Gesprächen haben er und seine Frau sich darüber unterhalten, was er wünscht. Sie wird dies den Ärzten gegenüber vertreten, wenn er nicht mehr selber sagen kann, was ihm wichtig ist.

Weil Thomas B. unsicher ist, wie das alles formuliert werden muss, lässt er den Vorsorgeauftrag von einem Notar öffentlich beurkunden. Dieser weist ihn darauf hin, dass seine Frau im Fall seiner Urteilsunfähigkeit für medizinische Fragen nicht vertretungsberechtigt wäre. Das wäre die im Vorsorgeauftrag genannte Person, also der Treuhänder. Deshalb lädt Herr B. im Internet eine Patientenverfügung herunter, setzt seine Frau ein und unterzeichnet das Papier.

Ehegatten und eingetragene Partner können bei der Kesb eine Urkunde über ihre Befugnisse beziehen. Vor allem für den Zugriff auf das Bankkonto wird das nötig sein. Die Person am Schalter wird Ihnen keinen Glauben schenken, wenn Sie einfach behaupten, Ihr Mann sei wegen Urteilsunfähigkeit leider verhindert.

Eine Entschädigung ist bei Ehepaaren und eingetragenen Paaren nicht angezeigt – es sei denn, die Vertretung erfordere einen erheblichen Aufwand. Ist dies der Fall, kann eine angemessene Entschädigung aus dem Vermögen der urteilsunfähigen Person ausgezahlt werden.

Das Vertretungsrecht endet, wenn die Ehe durch Tod, wegen Ungültigkeit oder ausnahmsweise durch ein vor der Urteilsunfähigkeit eingeleitetes Scheidungsverfahren (die eingetragene Partnerschaft durch Auflösung) endet.

Auch beim Vertretungsrecht kann die Behörde ein Wörtchen mitreden: Wenn sie erfährt, dass die Interessen der urteilsunfähigen Person gefährdet oder nicht mehr gewahrt sind, kann sie dem Partner, der Partnerin die Vertretungsbefugnis entziehen. In aller Regel muss dann eine Beistandschaft eingerichtet werden – genau gleich wie bei urteilsunfähigen ledigen Leuten, die keinen Vorsorgeauftrag errichtet haben.

Die Patientenverfügung

Patientenverfügungen gibt es nicht erst seit der Einführung des Erwachsenenschutzrechts. Schon vorher haben viele Menschen ihre Wünsche zur medizinischen Behandlung festgehalten – für den Fall, dass sie urteilsunfähig werden und nicht mehr selber sagen können, welche Behandlung sie wünschen oder ablehnen.

Einige Kantone hatten zwar schon früher Regeln aufgestellt, aber gesamtschweizerische Regeln fehlten. Es herrschte der Kantönligeist. Mit der Einführung des Erwachsenenschutzrechts ist die rechtliche Verbindlichkeit der Patientenverfügung auf Bundesebene geregelt worden (Art. 370 bis 373 ZGB). Die Bestimmungen gelten nun für alle Kantone.

Wer darf eine Patientenverfügung schreiben?

Anders als beim Vorsorgeauftrag, zu dessen Errichtung Handlungsfähigkeit nötig ist, genügt bei der Patientenverfügung die Urteilsfähigkeit (siehe Seite 18). Aus diesem Grund können auch Minderjährige eine Patienten-

---

MEDIZINISCHE MASSNAHMEN

«Eine urteilsfähige Person kann in einer Patientenverfügung festlegen, welchen medizinischen Massnahmen sie im Fall ihrer Urteilsunfähigkeit zustimmt oder nicht zustimmt», heisst es im Gesetzestext. Was bedeutet das?

Bei medizinischen Massnahmen denkt man zuerst an ärztliche Behandlungen, also an Operationen. Medizinische Massnahmen sind aber auch therapeutische, diagnostische und pflegerische Massnahmen. Diese können die Genesung zum Ziel haben (kurative Methoden) oder lediglich Symptome lindern und Komplikationen vorbeugen (palliative Methoden). In einem weiteren Sinn gehören auch Ort und Art der Pflege, die Wahl der behandelnden Ärzte, Ärztinnen und der Pflegenden zu den medizinischen Massnahmen. Auch Organ-, Gewebe- oder Zellspenden gehören dazu.

verfügung errichten – sofern sie urteilsfähig sind. Das, was in der Patientenverfügung geregelt wird, gilt «für alle Fälle, in denen die betroffene Person nicht mehr urteilsfähig ist, sei es aufgrund einer psychischen Erkrankung, einer fortschreitenden Altersdemenz oder weil eine Person beispielsweise nach einem Unfall das Bewusstsein verloren hat», schreibt der Bundesrat in der Botschaft zum Erwachsenenschutzrecht.

So wird dem Selbstbestimmungsrecht eines jeden Einzelnen Rechnung getragen; man kann im Voraus festlegen, welchen medizinischen Behandlungen man dannzumal zustimmt und welche man ablehnt. Man kann auch eine oder mehrere Personen einsetzen, die mit dem Arzt die medizinischen Massnahmen besprechen und für einen entscheiden sollen, wenn man urteilsunfähig geworden ist.

Wie verfasst man eine Patientenverfügung?
Während ein Vorsorgeauftrag von A bis Z von Hand geschrieben oder öffentlich beurkundet werden muss, können Sie für Ihre Patientenverfügung ein vorgedrucktes Muster nehmen, es ausfüllen, datieren und unterschreiben. Im Internet gibt es unzählige Muster. Doch da ist Vorsicht angebracht: Man hat zum Beispiel schnell mal unterschrieben, dass man keine lebensverlängernden oder lebensrettenden Massnahmen wünscht. Aber will man denn bei einem Unfall verbluten? Im Internet sind auch widersprüchliche Patientenverfügungen zu finden, etwa wenn da vorgedruckt ist, dass man nicht an Maschinen angeschlossen werden möchte – und man in der nächsten Zeile ausfüllen kann, welchen Operationen man im Notfall zustimmt, was ja notwendigerweise zu einem Anschluss an Maschinen führt.

Nutzen Sie eine solche Patientenverfügung als Vorlage, mit deren Hilfe Sie Ihre eigenen Vorstellungen festhalten. Empfehlenswert ist es, die Patientenverfügung mit dem Hausarzt zu besprechen – vor allem dann, wenn man bestimmte medizinische Massnahmen wünscht beziehungsweise nicht wünscht. Dies ist nicht notwendig, wenn Sie eine Person einsetzen, die dereinst an Ihrer Stelle entscheiden soll. Dann ist aber umso notwendiger, dass die eingesetzte Person auch weiss, was Ihre Wertvorstellungen sind.

TIPP *Zwei Vorlagen für Patientenverfügungen finden Sie im Anhang, ebenso ein paar Links zu Websites, wo Sie Muster herunterladen können.*

Was kann man in der Patientenverfügung festlegen?

Wer an einer chronischen Krankheit leidet oder eine solche befürchtet, kann zum Beispiel bestimmen, welche Behandlungen in welchem Krankheitsstadium geboten oder unerwünscht sind. Gesunde dagegen halten am besten ihre Überzeugungen zur Behandlung bei Unfall, Krankheit und Sterben fest: etwa, ob alle medizinischen Massnahmen ausgeschöpft werden sollen oder die Erhaltung des Lebens nicht um jeden Preis vorrangig ist.

Festlegen können Sie, wer über Ihren Gesundheitszustand und den Krankheitsverlauf informiert wird, indem Sie die Ärzte gegenüber bestimmten Personen vom Arztgeheimnis entbinden. Sie können auch festhalten, wem gegenüber die Schweigepflicht ganz besonders gelten soll.

Bestimmt werden kann, wer Zugang zum Krankenbett erhält und wer in den letzten Stunden am Sterbebett sein darf und wer nicht. Sie können auch anordnen, dass man Sie zu gegebener Zeit in ein Sterbehospiz oder nach Hause verlegen soll.

Zum medizinischen Studienobjekt wird Ihr Körper nur, wenn Sie dies erlauben. Das Gleiche gilt für Organ-, Gewebe- oder Zellspenden.

Sinnvoll ist es, in der Patientenverfügung mindestens folgende zwei Bereiche zu unterscheiden:

- was Sie im Fall einer Hirnschädigung, einer chronischen Demenz oder bei starker Pflegebedürftigkeit wünschen
- wie Sie in einem Notfall oder nach einem Unfall behandelt werden möchten

Es dürfte kaum möglich sein, alle medizinischen Situationen und Entscheidungen in einer Patientenverfügung zu erfassen. Es ist daher ratsam, darin die eigenen religiösen, spirituellen oder weltanschaulichen Überzeugungen festzuhalten. Solche Werteerklärungen sind Orientierungshilfen für Ärzte, Angehörige, Vorsorgebeauftragte oder die vertretungsberechtigte Partnerin. Dies dürfte einfacher sein, als für jeden erdenklichen Krankheitsverlauf und jeden Unfall konkrete Anordnungen zu geben.

> **TIPP** *Eine Patientenverfügung kann auch in einen Vorsorgeauftrag integriert werden (zum Vorsorgeauftrag siehe Seite 24). Besser ist es aber, die Dokumente zu trennen. Die Patientenverfügung bewahren Sie idealerweise in der Handtasche oder im Portemonnaie*

auf, damit Ihren Anordnungen auch in Notfallsituationen Folge geleistet werden kann.

Wie verbindlich sind Patientenverfügungen?

Patientenverfügungen sind verbindlich, unabhängig davon, ob sie für den Fall körperlicher oder psychischer Erkrankungen erstellt worden sind. Der Arzt wird aber der Patientenverfügung nur Folge leisten, wenn sie dem aktuellen Willen der Patientin entspricht. Wenn er begründete Zweifel an der Aktualität oder am aktuellen Willen hat, dann muss er der Patientenverfügung nicht nachkommen. Zudem ist zu beachten, dass die Patientenverfügung im Fall einer fürsorgerischen Unterbringung lediglich berücksichtigt wird, die zuständigen Ärzte aber auch anders entscheiden können (siehe Seite 93).

TIPP *Damit keine Zweifel über die Aktualität Ihrer Patientenverfügung aufkommen, sollten Sie sie regelmässig erneut datieren und unterschreiben – zum Beispiel alle zwei Jahre. Dies unterstreicht die Tatsache, dass auch eine vor Jahren verfasste Verfügung nach wie vor Ihrer aktuellen Sicht der Dinge entspricht.*

So wird die Patientenverfügung sicher gefunden

Wer eine Patientenverfügung errichtet hat, kann diese Tatsache und den Hinterlegungsort auf der Versichertenkarte eintragen lassen – heisst es im Gesetz (Art. 371 Abs. 2 ZGB). Dies ist jedoch bis anhin immer noch nicht möglich. Die einfachste und sicherste Lösung besteht darin, ein Exemplar der Patientenverfügung – oder zumindest den Hinweis, wo sie sich befindet – im Portemonnaie bei sich zu tragen. Zudem sollten Sie je eine Kopie beim Hausarzt und bei einer Vertrauensperson deponieren.

Patientenverfügungen kann man ändern

Wenn Sie sich die Sache grundsätzlich anders überlegt haben und eine neue Patientenverfügung schreiben, vernichten Sie am besten die alte (Art. 371 ZGB). Wissen Sie nicht mehr, wo sich die alte Patientenverfügung befindet, datieren Sie die neue und beginnen Sie sie mit folgendem Satz: «Diese Patientenverfügung ersetzt alle früheren.» Wenn Sie gleichzeitig einen Vorsorgeauftrag verfassen, sollten Sie auch in der Patientenverfügung darauf hinweisen, dass ein solcher besteht.

Patientenverfügung und Sterbehilfe

Die Patientenverfügung ermöglicht Ihnen, im Voraus Entscheide zu fällen, die im Fall Ihrer Urteilsunfähigkeit umgesetzt werden müssen. Das Selbstbestimmungsrecht hat aber Grenzen: Eine Patientenverfügung darf keine aktive Sterbehilfe fordern, etwa, dass ein Arzt einem eine Spritze verabreichen soll, die direkt zum Tod führt. Die Verfügung darf auch keine Anleitung zur Suizidbegleitung beinhalten. Festlegen können Sie aber, dass Sie auf die Aufnahme von lebenserhaltenden Massnahmen verzichten oder dass diese abgebrochen werden sollen – das ist gesetzlich zulässig. In einer Patientenverfügung kann es also durchaus auch um Sterbehilfe gehen. Ein Überblick:

- **Direkte aktive Sterbehilfe:** Darunter versteht man das Töten eines Menschen auf dessen Verlangen. Der aktiven Sterbehilfe schuldig macht sich zum Beispiel jemand, der einem Sterbewilligen eine tödliche Substanz spritzt. Diese Art der Sterbehilfe ist strafbar, wird aber milder bestraft als eine Tötung aus selbstsüchtigen Motiven. Anordnungen zu aktiver Sterbehilfe gehören nicht in eine Patientenverfügung.
- **Indirekte aktive Sterbehilfe:** Hier geht es um das Verabreichen von Substanzen zur Linderung von Leiden und Schmerzen. Dies bezweckt nicht die Herbeiführung des Todes, kann aber lebensverkürzende Nebenfolgen haben. In einer Patientenverfügung kann man ausdrücklich eine solche Behandlung fordern.
- **Passive Sterbehilfe:** Dabei wird auf lebensverlängernde Massnahmen verzichtet, indem zum Beispiel die künstliche Ernährung eingestellt oder die Beatmungsmaschine ausgeschaltet wird. In der Patientenverfügung kann man im Voraus festlegen, welche medizinische Behandlung man in welchem Zeitpunkt verbietet oder verlangt.

Frage: «Ich bin Mitglied in einer Sterbehilfeorganisation, die mir einen Todestrunk beschaffen soll, wenn es keine Hoffnung mehr für mich gibt. Muss ich das in der Patientenverfügung aufführen?»
Antwort: Nein. Die Patientenverfügung kommt erst zum Zug, wenn Sie nicht mehr selbst bestimmen können. Die Sterbehilfeorganisation wird Ihnen die zum Tod führende Substanz nicht einflössen. Sie müssen sie selber einnehmen – und zum gegebenen Zeitpunkt urteilsfähig sein.

Keine Patientenverfügung – wer ist zur Vertretung berechtigt?

NACH EINEM SCHWEREN TÖFFUNFALL wird Reto C. (35-jährig) ins Spital eingeliefert. Sein Leben hängt an einem Faden. Es wird eine schwere Hirnschädigung vermutet. Eine Prognose zu stellen, ist kaum möglich. Soll man ihn operieren oder sterben lassen? Seine Lebenspartnerin, mit der er seit Jahren zusammenlebt, sagt gegenüber den Ärzten, ihr Freund habe immer gesagt, dass er nicht um jeden Preis am Leben bleiben wolle, wenn sein Schutzengel mal nicht auf ihn aufgepasst habe. Zudem wisse er um die schlechten Prognosen von gefährlichen Operationen und Reanimationen. Seine Eltern, die kurz nach ihr im Spital auftauchen, willigen hingegen sofort in jede nur erdenkliche Operation ein, sei sie auch noch so riskant. Er sei doch nicht in der Lage, über Leben und Sterben seines Sohnes zu entscheiden, sagt der Vater. «Darum geht es nicht», sagt der Arzt. Es gehe darum, zu eruieren, was der Verunfallte gewollt hätte.

Wenn jemand keine Patientenverfügung hat und urteilsunfähig wird, muss geprüft werden, wer medizinischen Behandlungen zustimmen oder sie verweigern kann. Das Gesetz listet auf, welche Personen in welcher Reihenfolge vertretungsberechtigt sind (Kaskadenordnung, siehe Kasten). Im Fall von Reto C. wäre es seine Konkubinatspartnerin. Bei Urteilsunfähigkeit gilt das Arztgeheimnis nicht (sofern nicht eine Patientenverfügung etwas anderes vorsieht).

Bei Urteilsunfähigkeit benötigt der Arzt für eine medizinische Massnahme die Zustimmung einer Vertreterin. Er muss die Personen in der Kaskadenordnung von Ziffer 1 bis 7 durchgehen, bis sich jemand findet, der darüber entscheiden möchte. Damit ist auch gesagt, dass es keine Pflicht zum Entscheid gibt, sondern dass dies eine Berechtigung ist (Ausnahme: der Beistand, der entscheiden muss). Wenn aber jemand die Entscheidung übernimmt und die Zustimmung verweigert, muss der Arzt das akzeptieren und kann nicht einfach die nächste Person auf der Liste fragen.

Wenn mehrere Personen für den Entscheid infrage kommen – zum Beispiel die drei Kinder einer Patientin –, darf der Arzt davon ausgehen, dass jede im Einverständnis mit den anderen entscheidet, es sei denn, er hat Anhaltspunkte, dass dem nicht so ist.

> **KASKADENORDNUNG: WER DARF MICH IN MEDIZINISCHEN FRAGEN VERTRETEN?**
> Das Gesetz hält klar fest, wer in welcher Reihenfolge anstelle des urteilsunfähigen Patienten medizinischen Massnahmen zustimmen darf (Art. 378 ZGB):
> 1) diejenige Person, die in einer Patientenverfügung oder in einem Vorsorgeauftrag als Vertreterin bezeichnet wurde (wenn es zwei Personen gibt, geht die Person in der Patientenverfügung vor)
> 2) der Beistand mit Vertretungsrecht in medizinischen Angelegenheiten
> 3) der Ehegatte oder die eingetragene Partnerin, wenn er oder sie im gemeinsamen Haushalt mit der urteilsunfähigen Person lebt oder ihr regelmässig und persönlich Beistand leistet
> 4) die Person, die mit der urteilsunfähigen Person im gemeinsamen Haushalt lebt und ihr regelmässig und persönlich Beistand leistet (beispielsweise ein Konkubinatspartner)
> 5) die Nachkommen, wenn sie der urteilsunfähigen Person regelmässig und persönlich Beistand leisten
> 6) die Eltern, wenn sie der urteilsunfähigen Person regelmässig und persönlich Beistand leisten
> 7) die Geschwister, wenn sie der urteilsunfähigen Person regelmässig und persönlich Beistand leisten
>
> Entscheidet niemand von den genannten Personen oder gibt es sie nicht, setzt die Kindes- und Erwachsenenschutzbehörde eine Beiständin speziell für diesen Aufgabenbereich ein. Möglich ist auch, dass die Behörde eine Drittperson für diese Aufgabe bestimmt (Art. 392 Ziff. 2 ZGB).

Was würde der Patient wünschen?

Der Entscheid ist immer im Interesse und zum Wohl des Patienten, der Patientin vorzunehmen. Es geht also um den mutmasslichen Willen, den diese wohl äussern würden, wenn sie noch urteilsfähig wären. Wird nicht im Interesse der urteilsunfähigen Person gehandelt oder ist das Ergebnis stossend, kann der Arzt die Kesb einschalten.

DER ARZT DER SCHWERKRANKEN MERET L. ist im Dilemma: Er hat mit ihr eingehend darüber gesprochen, dass sie, wenn es dem Ende zugeht, schmerzlindernde Medikamente erhalten möchte – obwohl dies ihr Leben verkürzen wird (indirekte aktive Sterbehilfe). Nun ist es so weit. Doch die Angehörigen fordern passive Sterbehilfe – die Beatmungsmaschine soll ausgeschaltet werden. Der Arzt wendet sich an die Behörde.

Vor dem Entscheid einer Person gemäss Kaskadenordnung muss der Arzt einen Behandlungsplan erstellen. Er muss über die wesentlichen Gründe für die vorgesehenen medizinischen Massnahmen informieren, über den Zweck, die Art, die Modalitäten, die Risiken, Nebenwirkungen und Kosten. Aber auch darüber, was ohne die vorgesehenen Massnahmen geschehen würde, sowie über alternative Behandlungsmethoden. Die Person, die für den Patienten, die Patientin entscheidet, muss sich ein umfassendes Bild machen können. Auch der Patient, die Patientin ist miteinzubeziehen. Damit wird dem Umstand Rechnung getragen, dass Menschen trotz Urteilsunfähigkeit etwas zum Entscheid beitragen können.

Die Rolle der Kesb

Die Kesb muss sich einschalten, wenn niemand die Interessen einer urteilsunfähigen Person wahrnimmt, wenn sich die Vertretungsberechtigten nicht einig sind und wenn die Interessen der urteilsunfähigen Person gefährdet oder nicht gewahrt sind (Art. 373 ZGB). Je nach Ausgangslage wird die Behörde dann eine Beistandschaft errichten oder jemanden für die Vertretung bestimmen. Die Kesb muss sich dabei nicht an die Reihenfolge von Artikel 378 ZGB halten. Sie kann die für die Aufgabe geeignetste Person bestimmen.

Die Behörde schreitet auch ein, wenn sie erfährt, dass einer Patientenverfügung nicht entsprochen wird, oder wenn die Interessen der urteilsunfähigen Person gefährdet oder nicht mehr gewahrt sind. Die Patienten selbst oder ihnen nahestehende Personen können in solchen Fällen schriftlich an die Kesb gelangen. Nötig ist ein Einschreiten auch, wenn die Patientenverfügung im Zustand der Urteilsunfähigkeit oder unter Drohung oder Nötigung erstellt wurde.

Patientenverfügung unter Drohung

Frage: «Meine Schwester hat von meinem krebskranken Vater verlangt, dass er eine Patientenverfügung unterschreibt. Ansonsten komme sie ihn nicht mehr besuchen. Nun ist er so schwer krank, dass er sich nicht mehr äussern kann. Ist die Verfügung nun gültig?»

Antwort: Schalten Sie die Kesb ein. Wenn Sie beweisen können, dass die Patientenverfügung nicht dem freien Willen ihres Vaters entspricht und dass er sie nur unterschrieben hat, damit er weiterhin Besuch bekommt, wird die Behörde entscheiden, dass die Verfügung null und nichtig ist.

Beistandschaften und Beistände

Eine Beistandschaft wird von der Kindes- und Erwachsenenschutzbehörde angeordnet. Die Behörde wählt auch den Beistand oder die Beiständin, die mit den Aufgaben betraut werden. In diesem Kapitel erfahren Sie, welche Arten von Beistandschaften es gibt und was Sie von einer Beiständin, einem Beistand erwarten dürfen.

Wann ist eine Beistandschaft angezeigt?

Die verschiedenen Beistandschaften sind in den Artikeln 393 bis 398 ZGB geregelt. Das Vormundschaftsrecht, das bis 31. Dezember 2012 in Kraft war, hatte das Ziel, «stark für die Schwachen» zu sein, und nannte die Schwachen «Mündel». Am Ziel hat sich mit dem Erwachsenenschutzrecht nichts geändert, wohl aber am Instrumentarium und an der Wortwahl.

Das Vormundschaftsrecht unterschied zwischen «mündigen», «unmündigen» und «entmündigten» Bürgern. Nun hat sich die Tonlage geändert: Das Wort «mündig» taucht gar nicht mehr auf – deshalb kann auch niemand mehr entmündigt werden. «Geisteskrankheit», «lasterhafter Lebenswandel», «Mündel» und andere Begriffe, die vor hundert Jahren gang und gäbe waren, kommen nicht mehr vor. Geändert haben sich aber nicht nur die Begriffe. Weil das ganze Vormundschaftsrecht den Verhältnissen und Anschauungen schon lange nicht mehr entsprach, ist es grundlegend geändert worden: Passend zu den heutigen gesellschaftlichen Ansichten gibt es keine Vormundschaften und keine Beiratschaften mehr – und niemand wird mehr bevormundet.

«Die behördlichen Massnahmen des Erwachsenenschutzes stellen das Wohl und den Schutz hilfsbedürftiger Personen sicher», heisst es im Gesetz. Alle Massnahmen sollen die Selbstbestimmung und die Eigenständigkeit der betroffenen Menschen so weit wie möglich erhalten und fördern. Im aktuellen Gesetz gibt es nur noch Beistandschaften, die die individuellen Bedürfnisse hilfsbedürftiger Personen berücksichtigen. Dass eine solche Beistandschaft angeordnet wurde, wird heute nicht mehr veröffentlicht. Es gehört der Vergangenheit an, dass Massnahmen im Amtsblatt ausgeschrieben wurden.

Im Zentrum: das Verhältnismässigkeitsprinzip

Das Verhältnismässigkeitsprinzip gehört zu den Grundsätzen des Rechtsstaats. Staatliches Handeln muss im öffentlichen Interesse liegen und verhältnismässig sein. Massnahmen des Erwachsenenschutzrechts müssen deshalb
- geeignet und zwecktauglich sein, um den nötigen Schutz zu geben;
- erforderlich sein, deshalb muss die schwächste der geeigneten Massnahmen eingesetzt werden;
- zumutbar sein, das heisst, der Eingriff in die Persönlichkeitsrechte muss in einem angemessenen Verhältnis zur Gefährdungssituation stehen.

AUFGRUND EINER PSYCHISCHEN STÖRUNG nimmt Jan T. immer wieder an Glücksspielen teil. Er überbordet dabei jedoch nicht und sein Spielen nimmt auch nicht ein Ausmass an, mit dem er sich schädigen würde. Jan T. sieht nicht ein, dass er Hilfe braucht, und wehrt sich gegen jede Einmischung. Weil der Schwächezustand nicht gross genug ist und auch kein Schutzbedarf besteht, wäre es unverhältnismässig, wenn die Behörde eine Beistandschaft errichten würde.

Wer wird verbeiständet?

Manche Menschen haben Schutz vor anderen nötig, manche aber auch Schutz vor sich selbst. Eine Beistandschaft ist niemals als Strafe, sondern stets als Hilfe für die betroffenen Personen gedacht. Dass diese das nicht immer so sehen, liegt in der Natur der Sache, denn Beistandschaften sind oft mit Eingriffen in die persönlichen Angelegenheiten verbunden. Das in den Medien oft vermittelte Bild, wonach man stets zwangsweise unter eine Beistandschaft gestellt, gar «gevogtet» wird, stimmt aber nicht. Sehr viele Menschen sind froh um diese Form staatlicher Hilfe.

Eine Beistandschaft wird nicht angeordnet, um unangepasste Bürger zu massregeln oder in die Schranken zu weisen. Wenn sich jemand etwas zuschulden kommen lässt oder sich nicht an Regeln hält, wird ein Richter das Strafgesetzbuch aufschlagen. Die Kesb dagegen schlägt das Zivilgesetzbuch auf, in dem der Erwachsenenschutz geregelt ist. Sie tut dies, wenn der oder die Betroffene Hilfe benötigt.

> **SCHWÄCHEZUSTAND UND SCHUTZBEDARF**
>
> Damit eine Beistandschaft überhaupt angeordnet werden kann, braucht es einen Schwächezustand, aus dem sich ein Schutzbedarf ergibt. Ein Beispiel: Eine an einer Demenz erkrankte Person (Schwächezustand) kann ihre finanziellen Angelegenheiten nicht mehr selber erledigen (Schutzbedarf).
>
> Ein Schwächezustand ohne Schutzbedarf rechtfertigt eine Beistandschaft nicht. Umgekehrt reicht auch ein Schutzbedarf ohne Schwächezustand nicht aus.
>
> So kann es durchaus sein, dass eine Person wichtige Angelegenheiten, zum Beispiel das Kochen oder die Finanzen, nicht selber erledigen kann, aber nicht an einem Schwächezustand leidet. Dann bekommt sie keinen Beistand. Das ist auch die Erklärung dafür, dass die meisten Personen, die Schulden haben, nicht unter Beistandschaft stehen. ∎

In den allermeisten Fällen haben sich Verbeiständete nichts zuschulden kommen lassen. Die Kesb errichtet eine Beistandschaft, wenn ein Erwachsener «wegen einer geistigen Behinderung, einer psychischen Störung oder eines ähnlichen in der Person liegenden Schwächezustands» seine Angelegenheiten nur teilweise oder gar nicht besorgen kann, heisst es im Gesetz. Eine Beistandschaft wird auch angeordnet, wenn jemand «wegen vorübergehender Urteilsunfähigkeit oder Abwesenheit in Angelegenheiten, die erledigt werden müssen, weder selber handeln kann noch eine zur Stellvertretung berechtigte Person bezeichnet hat».

Braucht die Person Schutz?
Eine geistige Behinderung, eine psychische Störung oder ein ähnlicher Schwächezustand allein ist kein Grund für die Errichtung einer Beistandschaft. Es gibt unzählige Menschen, die trotz ihrer Probleme das Leben ohne behördliche Unterstützung meistern. Eine Beistandschaft wird nur errichtet, wenn jemand wegen dieses Schwächezustands nicht (mehr) in der Lage ist, die eigenen Angelegenheiten zu besorgen.

- Dies kann bei geistig Behinderten der Fall sein, die angeborene oder im Lauf des Lebens erworbene Intelligenzdefizite haben.
- Auch psychische Störungen wie Psychosen, Demenz oder Suchterkrankungen können zur Folge haben, dass jemand wichtige eigene Angelegenheiten nicht mehr erledigen kann, sodass ein Schutzbedarf besteht.

3 ▪▪▪ BEISTANDSCHAFTEN UND BEISTÄNDE

- Ein Schutzbedarf im Sinn des Gesetzes kann auch entstehen bei einem Menschen, dem alles über den Kopf wächst – wie der Volksmund sagt.
- Ebenso ist eine Beistandschaft nötig, wenn jemand beispielsweise vorübergehend im Koma liegt oder sich an einem unbekannten Ort aufhält. Allerdings nur dann, wenn wichtige Geschäfte erledigt werden müssen.

CHECKLISTE: BEISTANDSCHAFT JA ODER NEIN?

Besteht ein Schwächezustand?

▼

Besteht eine Schutzbedürftigkeit?

▼

Was ist das Ziel der Beistandschaft?

▼

Welches sind die **Aufgabenbereiche** und welche Art Beistandschaft ist erforderlich (**Begleitung, Mitwirkung, Vertretung,** siehe Seite 57)?

▼ ▲

Verhältnismässigkeitsprüfung
- Sind die vorgesehenen Aufgaben und die Art der Beistandschaft **geeignet,** um das Ziel der Massnahme zu erreichen?
- Sind die Beistandschaft und die Aufgaben **erforderlich,** um das Ziel der Massnahme zu erreichen, oder gibt es Massnahmen, die weniger weit in die persönliche Freiheit eingreifen (Patientenverfügung, Vorsorgeauftrag, Vollmacht, Vertretung durch Ehepartner, Dienstleistungsangebote Dritter, familieninterne Lösungen)?
- Besteht ein **angemessenes Verhältnis** zwischen dem angestrebten Ziel und dem Eingriff, den die Massnahme für die betroffene Person bedeutet?

▼

Entscheid der Kesb für oder gegen eine Beistandschaft

▼

Der von der Behörde eingesetzte Beistand, die Beiständin **führt das Mandat.**

Quelle: Rosch, Einführung N 43, in: Rosch/Büchler/Jakob, Erwachsenenschutzrecht, 2015)

INFO *Eine Beistandschaft ist keine unentgeltliche Dienstleistung des Staates. Die Kosten sind von Kanton zu Kanton unterschiedlich. Erkundigen Sie sich bei der für Sie zuständigen Kesb (siehe auch Seite 73).*

Verzicht auf eine Beistandschaft

Was, wenn zwar Handlungsbedarf besteht, eine Beistandschaft aber ein unverhältnismässiger Eingriff wäre? Wie kann dem Betroffenen dann geholfen werden? In überschaubaren und unkomplizierten Fällen kann es genügen, wenn die Kesb das Nötige vorkehrt – beispielsweise dem Darlehensvertrag einer Person zustimmt, die für dieses Geschäft urteilsunfähig ist. Die Behörde kann auch einem Reinigungsinstitut den Auftrag geben, die verwahrloste Wohnung einer Person in Ordnung zu bringen, oder jemanden bezeichnen, der wichtige Informationen bei Banken und Versicherungen einholt (Art. 392 ZGB).

Selber eine Beistandschaft beantragen?

Es ist eine weitverbreitete Meinung, dass sich die Behörden stets ungefragt ins Leben der Bürger einmischen. Weniger bekannt ist, dass viele Leute selbst an die Behörden gelangen, weil die Unterstützung von Angehörigen, Freunden und der Spitex für die Bewältigung von Problemen nicht mehr genügen. Vielen dieser Menschen kann mit einer Beistandschaft geholfen werden – und viele sind froh darum!

RAPHAEL V. BESITZT AKTIEN. Um seine Spiel- und Sexsucht zu finanzieren, hat er den Grossteil davon bereits verkauft. Er sieht selber ein, dass er Schutz braucht, und hat bei der Kesb eine Beistandschaft beantragt. Die Behörde ordnet eine Mitwirkungsbeistandschaft an. Ohne das Okay des Beistands bleiben die Aktien fortan unangetastet.

Massgeschneiderter Schutz: verschiedene Beistandschaften

Es gibt Begleit-, Vertretungs-, Mitwirkungs- und umfassende Beistandschaften. Bis auf die umfassende Beistandschaft, die alle Lebensbereiche betrifft, werden sie für die Bedürfnisse der Schutzbedürftigen massgeschneidert. So wird nur so viel staatliche Betreuung angeordnet, wie wirklich nötig ist.

Die Begleitbeistandschaft

Hilfe zur Selbsthilfe für die betroffene Person – darum geht es bei der Begleitbeistandschaft (Art. 393 ZGB). Sie ist die niedrigste Stufe aller Beistandschaften und kommt nur zur Anwendung bei Menschen, die diese Unterstützung wünschen und auch benötigen. Eine Begleitbeistandschaft kann für die Bereiche Personensorge, Vermögenssorge sowie im Rechtsverkehr (siehe Seite 24) angeordnet werden. Der Beistand hilft der begleiteten Person, indem er sie unterstützt: bei der Wohnungssuche, bei Stellenbemühungen oder in der Freizeitgestaltung. Er berät sie in rechtlichen Fragen und bei Verträgen, hilft ihr bei der Steuererklärung, bei Abrechnungen mit der Krankenkasse oder plant mit ihr sinnvolle Ferien.

Wichtig ist, dass der Begleitbeistand die verbeiständete Person nie vertreten, das heisst nie an ihrer Stelle handeln kann. Er kann sie unterstützen, beraten, allenfalls auch überzeugen – handeln muss die Person aber immer selber. Wenn Verwandte und andere Nahestehende diese Hilfe gewährleisten können, ist eine Begleitbeistandschaft nicht nötig.

Eine Begleitbeistandschaft kann nur angeordnet werden, wenn die betroffene Person zustimmt; dafür muss diese urteilsfähig sein. Fehlt die Zustimmung, wird die Behörde prüfen, ob eine andere Beistandschaft angeordnet werden soll.

IVO G. KAM MIT 15 ohne Eltern in die Schweiz. Heute ist er 22 Jahre alt, spricht passabel Deutsch und arbeitet bei einem Temporärbüro. Wenn er Post bekommt, ist er stets verunsichert: Muss er der

Aufforderung: «Sichern Sie sich gleich heute noch Ihre lebenslange Sofortrente», nachkommen? Oder ist das Schreiben der Krankenkasse doch wichtiger? Sein Beistand steht ihm bei solchen und anderen Fragen zur Seite.

DIE 31-JÄHRIGE FIONA R. hat keinen Schulabschluss. Bis vor drei Jahren hat sie in einem Heim für geistig Behinderte gewohnt, doch nun lebt sie allein in einer Wohnung und arbeitet in einer geschützten Werkstatt. Letzten Sommer hätte sie für ihren Freund beinahe einen Kredit aufgenommen. Und weil dieser ihr alles Ersparte aus der Tasche gezogen hat, hätte sie für Geld um ein Haar einen seiner Kollegen geheiratet. Mit ihrer Beiständin bespricht sie nun alles, bevor sie Ja oder Nein sagt.

MARTHA K.S EXMANN bezahlt die Unterhaltsbeiträge nicht und sie wehrt sich nicht dagegen. Wie auch? Sie hat nie gelernt, mal auf den Tisch zu klopfen. Und im Umgang mit Ämtern, Banken und Versicherungen ist sie überfordert, denn um all das hat sich früher immer ihr Mann gekümmert. So ist sie nicht nur in eine finanzielle, sondern auch in eine seelische Krise gestürzt. Nach einem Klinikaufenthalt und dank einer ambulanten Therapie fasst sie langsam wieder Fuss. Ihr Beistand hilft ihr dabei.

Die Vertretungsbeistandschaft

Sinn und Zweck der Vertretungsbeistandschaft ist, dass jemand vertreten wird in wichtigen Angelegenheiten, die er selbst gar nicht oder nur teilweise erledigen kann (Art. 394 ZGB). Um welche Angelegenheiten es sich handelt, legt die Kesb für jeden Fall separat fest. Sie überträgt dem Beistand gewisse Aufgabenbereiche aus den Bereichen Personensorge, Vermögenssorge und Rechtsverkehr. Im festgelegten Umfang ist der Beistand gesetzlicher Vertreter der verbeiständeten Person.

Der Beistand ist in diesen Bereichen nicht auf das Einverständnis der verbeiständeten Person angewiesen. Er kann auch ohne oder sogar gegen ihren Willen handeln. In allen anderen Bereichen handelt die verbeiständete Person selbst und nach eigenem Gutdünken. Die Vertretungsbeistandschaft schränkt die Handlungsfähigkeit der betroffenen Person grundsätzlich nicht ein (zur Handlungsfähigkeit siehe Seite 18). Meist reicht es nämlich aus, wenn jemand für die verbeiständete Person handelt, zum Beispiel wenn sie etwas Notwendiges nicht tut, weil sie nicht will oder wegen Urteilsunfähigkeit nicht kann. Dazu muss die Handlungsfähigkeit auch in den Bereichen, die von der Beistandschaft betroffen sind, nicht eingeschränkt werden.

Anders sieht die Situation aus, wenn ein Verbeiständeter die Handlungen seiner Beiständin durchkreuzt oder vereitelt – zum Beispiel immer wieder die Wohnung kündigt, die sie für ihn gemietet hat – oder wenn er sich selber schädigt – etwa indem er ständig online Dinge kauft, die er gar nicht benötigt. Dann muss die Behörde seine Handlungsfähigkeit «entsprechend» beschränken, wie es im Gesetzestext heisst. Das bedeutet, dass dem Betroffenen die Handlungsfähigkeit nicht vollständig, sondern nur für die tangierten Angelegenheiten entzogen werden darf. In diesen Bereichen kann fortan nur die Beiständin handeln.

CLAUDIO A. HAT SEINE ARBEIT als Gemeindeangestellter verloren. «Einfach wegrationalisiert», sagt er. Seither ist er auf Sozialhilfe angewiesen, obwohl er wegen seiner psychischen Krankheit längst Anspruch auf eine Rente hätte. Er weigert sich aber, sich bei der IV anzumelden. In seinem Weltbild ist die IV eine Verbrecherorganisation. «Die Gemeinde soll schön zahlen. Die haben mich schliesslich auf die Strasse gestellt.» Ihm wurden schon Kürzungen der Sozialhilfe angedroht, von IV will er trotzdem nichts wissen. Seine Sozialarbeiterin gelangt deshalb an die Behörde, die eine Vertretungsbeistandschaft anordnet. Der Beistand kann nun Herrn A. bei der IV anmelden. Sobald die Rente gesprochen ist, wird die Massnahme wieder aufgehoben, denn Claudio A. kann ansonsten sein Leben gut ohne behördliches Zutun meistern. Dass er die Welt zuweilen etwas verschroben sieht, ist kein Grund, die Beistandschaft weiterzuführen.

NIEMAND MERKT PATRICK L. SEINE PROBLEME AN. Er geht einer geregelten Arbeit nach, bezahlt seine Rechnungen, ist in Vereinen aktiv und lebt eigentlich unauffällig. Aber seine Wohnung ist vollkommen verwahrlost. Seine Möbel kann man kaum mehr als solche bezeichnen und die Nachbarn beklagen sich immer wieder über den Gestank – was schliesslich zur Kündigung führt. Seine Vertretungsbeiständin hat die Aufgabe, ihm bei der Führung des Haushalts beizustehen. Sie darf auch den neuen Mietvertrag unterschreiben, Möbel kaufen oder eine Haushaltshilfe anstellen.

PHILIPP V. LIEGT IM KOMA, seine Frau Rosa ist schwer dement und lebt in einem Pflegeheim. Beide haben niemanden, der sich um sie kümmert. Sie haben weder eine Patientenverfügung noch einen Vorsorgeauftrag errichtet (siehe Seite 24 und 41). Ihr Vertretungsbeistand kümmert sich um alle relevanten Angelegenheiten: Er vertritt sie bei Entscheiden über die Wohnsituation; die Vertretung umfasst aber auch das gesundheitliche Wohl, medizinische Massnahmen, administrative und finanzielle Angelegenheiten. Zudem verwaltet der Beistand das Einkommen und das Vermögen des Ehepaars.

Wichtig: Der Vertretungsbeistand handelt immer für die verbeiständete Person. Das heisst, er muss sich überlegen, was in ihrem Interesse ist, und dabei ihre Meinung und ihre bisherige Lebensgestaltung berücksichtigen. Wenn er zum Beispiel ein Heim für eine demenzkranke Person suchen soll, darf er nicht einfach das günstigste wählen, sondern muss überlegen, welches Heim ihr wohl am besten entspricht (und finanzierbar ist). Wenn der Beistand dann in Vertretung der verbeiständeten Person den Vertrag unterzeichnet, verpflichtet er sich nicht etwa selber; Vertragspartei ist die verbeiständete Person. Sie muss die Rechnung bezahlen und erhält auch die Leistungen des Heims.

Vertretung bei der Verwaltung des Vermögens

Wenn eine Vermögensverwaltung nötig wird, ist dies im Rahmen einer Vertretungsbeistandschaft möglich (Art. 395 ZGB). «Vermögen» meint nicht nur gespartes Geld, sondern kann auch das Einkommen und allfällige Renten umfassen.

Von einer Vermögensverwaltung wird die Handlungsfähigkeit grundsätzlich nicht tangiert. Das heisst, dass neben der Beiständin auch der Verbeiständete Finanzgeschäfte tätigen kann. Wenn er jedoch nötige Geschäfte blockiert, verhindert oder sabotiert, kann seine Handlungsfähigkeit in diesem Bereich eingeschränkt werden. Denkbar ist auch, dass die Handlungsfähigkeit zum Beispiel nur in Bezug auf Leasing- und Kreditgeschäfte eingeschränkt wird.

IN MANISCHEN PHASEN überschätzt Franco M. seine Möglichkeiten. Er bucht dann jeweils teure Reisen und lebt auf viel zu grossem Fuss. Dringende Rechnungen bleiben derweilen liegen. Auf Reisebüros, im Internet und anderswo kann er deshalb keine Ferien mehr buchen, und er kann auch keine Kreditverträge mehr abschliessen. Die Handlungsfähigkeit ist ihm für diese Geschäfte entzogen. Damit die Beiständin die nötigen Rechnungen begleichen kann, ist auch eine Vermögensverwaltung nötig.

Im Rahmen einer Vermögensverwaltung ist es auch möglich, dass eine Bank angewiesen wird, ein bestimmtes Konto der verbeiständeten Person zu sperren. Dadurch wird die Handlungsfähigkeit nicht eingeschränkt. Die Behörde wird es allerdings nicht bei einer Kontosperrung belassen, wenn die verbeiständete Person beispielsweise einen Jaguar kauft, der letztlich doch vom gesperrten Konto bezahlt werden muss. Dann macht eine Kontosperrung keinen Sinn; die Behörde würde eine Massnahme prüfen, die die Handlungsfähigkeit einschränkt.

Eine Vermögensverwaltung wird – wie die Beistandschaften – nicht veröffentlicht. Auch dann nicht, wenn die Handlungsfähigkeit eingeschränkt wird.

REGELN FÜR DIE VERMÖGENSVERWALTUNG
- Der Beistand, die Beiständin muss das Vermögen sorgfältig verwalten.
- Das Vermögen soll erhalten oder wenn möglich vermehrt werden – allerdings nur dann, wenn die Bedürfnisse der betreuten Person gedeckt sind.
- Der Bundesrat hat in der «Verordnung über die Vermögensverwaltung» (VBVV) Bestimmungen zur Anlage und zur Aufbewahrung des Vermögens erlassen.

Die Mitwirkungsbeistandschaft

Diese Form der Beistandschaft ist für Menschen gedacht, die zwar urteilsfähig sind und selbständig handeln können, aber sich mit ihren Handlungen selber schaden (Art. 396 ZGB). Im Rahmen der Mitwirkungsbeistandschaft handelt die verbeiständete Person, nicht der Beistand. Die

Mitwirkungsbeistandschaft räumt dem Beistand aber die Kompetenz ein, den Handlungen bei bestimmten Angelegenheiten zuzustimmen oder die Zustimmung zu verweigern. Zu denken ist zum Beispiel an: Abschluss eines Erbvertrags, Verkauf oder Belastung eines Grundstücks, Aufnahme oder Gewährung von Darlehen, Abzahlungsverträge, Kreditkäufe, Kauf oder Verkauf von Wertpapieren. Die Handlungsfähigkeit wird dem Betroffenen für die «mitwirkungsbedürftigen» Geschäfte beschränkt; er kann solche Geschäfte nur noch mit der Zustimmung des Beistands abschliessen.

JOSY S. HAT EIN HERZ FÜR TIERE; sie vergöttert sie, spricht mit ihnen, hört ihre Stimmen, führt ihre «Befehle» aus und vernachlässigt dadurch die eigenen Bedürfnisse. Testamentarisch hat sie verfügt, dass diverse Tierschutzorganisationen ihr Erbe antreten sollen. Viel wird das aber nicht sein. In den letzten Jahren hat Frau S. nämlich bereits mehrere Schenkungen ausgerichtet, die so hoch waren, dass sie ihre Rechnungen manchmal nicht mehr begleichen konnte. Schenkungen kann Josy S. ab sofort nur noch mit dem Einverständnis ihrer Beiständin tätigen. Gelegenheitsgeschenke für ihre Nichten und Neffen sind von der Mitwirkungsbeistandschaft jedoch nicht tangiert.

ANGELO B. SIEHT SICH ALS LEBEMANN. Andere nennen ihn einen Hochstapler. Fakt ist, dass er einen Geltungsdrang hat, der krankhafte Züge aufweist. Während seine Familie vor dem leeren Kühlschrank steht, bucht er Kreuzfahrten, kauft Sportautos und Juwelen. Weil er sich dies mit seinem Einkommen gar nicht leisten kann, nimmt er immer wieder Kredite auf, die er nicht zurückzahlen kann. Dank der Mitwirkungsbeistandschaft ist damit Schluss.

KARIN J. IST DURCH ERBSCHAFTEN zu beträchtlichem Vermögen gekommen, zu dem auch ein Mehrfamilienhaus gehört. Sie hat ein gutes Herz. Ein zu gutes. Sie lässt sich immer wieder über den Tisch ziehen und schliesst Mietverträge ab mit Leuten, die die Miete nicht zahlen können oder nicht zahlen wollen. Dann hat sie stets den Schaden, der sie irgendwann in den finanziellen Ruin treiben wird. Die Kesb hat deshalb angeordnet, dass Mietverträge mit Karin J. nur noch gültig sind, wenn die Beiständin ihre Zustimmung gibt.

Beistandschaften nach Bedarf kombinieren

Die Begleit-, die Vertretungs- und die Mitwirkungsbeistandschaft können miteinander kombiniert werden (Art. 397 ZGB). Dies entspricht der Idee der massgeschneiderten Unterstützung. Die Behörde schaut also zunächst, in welchen Bereichen jemand schutzbedürftig ist – zum Beispiel in finanziellen Angelegenheiten, bei Wohnfragen, in gesundheitlichen Belangen –, und dann wird für jeden Bereich gefragt, ob ein Beistand die Kompetenzen der Begleitung, Vertretung oder Mitwirkung benötigt. So kann zum Beispiel für den Bereich Wohnen eine Begleitbeistandschaft, für die Finanzen eine Mitwirkungsbeistandschaft und für Gesundheitsfragen eine Vertretungsbeistandschaft angeordnet werden.

ANDREA U. VERSUCHT nach einer psychischen Krise wieder Fuss zu fassen. Sie hat eine Begleitbeiständin, die ihr vor allem in Wohn- und Gesundheitsfragen zur Seite steht. Ein Problem stellen aber die Eltern von Frau U. dar, die immer wieder versuchen, mit ihr einen Erbverzichtsvertrag auszuhandeln – was nicht in ihrem Interesse wäre. Hätte Frau U. den Mut, dem Rat der Beiständin zu folgen und ihren Eltern Nein zu sagen? Wohl kaum. Sie ist sehr beeinflussbar und macht meist, was man ihr befiehlt – oft zu ihren Ungunsten. Deshalb wird eine Mitwirkungsbeistandschaft für Erbverträge eingerichtet.
JOSY S. KANN SCHENKUNGEN nur mit Zustimmung ihrer Mitwirkungsbeiständin ausrichten (siehe Seite 62). Sollte sie auch ihr Einkommen statt für sich für notleidende Tiere verwenden, wäre eine Vertretungsbeistandschaft mit Vermögensverwaltung angezeigt.
FRANCO M.S PROBLEME sind nicht gelöst, wenn er in manischen Phasen von seiner Beiständin vertreten wird (siehe Seite 61). Die Vertretungsbeistandschaft kann deshalb mit einer Begleitbeistandschaft kombiniert werden. In dieser Funktion unterstützt ihn seine Beiständin unter anderem darin, dass er regelmässig zur Therapie geht.

INFO *Eine weitere Form der Beistandschaft kommt zum Zug, wenn hilfsbedürftige, urteilsunfähige Menschen in einem laufenden Verfahren stehen. Dann erhalten sie einen Verfahrensbeistand, der sie beim Vertreten der eigenen Interessen unterstützt (mehr dazu auf Seite 144).*

Die umfassende Beistandschaft

Bei der umfassenden Beistandschaft handelt es sich um die weitreichendste aller Massnahmen; sie ist in Artikel 398 ZGB geregelt. Sie bezieht sich auf sämtliche Angelegenheiten der Personensorge, der Vermögenssorge und des Rechtsverkehrs. Dem Verbeiständeten bleibt kaum Raum zur Selbstbestimmung und seine Handlungsfähigkeit entfällt von Gesetzes wegen.

Eine umfassende Beistandschaft ist möglich, wenn jemand viel Hilfe benötigt, in allen Belangen vertreten werden muss und wenn ihm dafür auch die Handlungsfähigkeit entzogen werden muss: etwa für schwer geistig Behinderte und für andere Personen, die die Realität vollkommen verkennen oder gar nicht wahrnehmen.

Sie fragen sich, ob der benötigte Schutz nicht auch in solchen Situationen mit einer massgeschneiderten Massnahme gewährleistet werden könnte? Mit dieser Frage sind Sie nicht allein. Auch viele Experten sind der Ansicht, dass die umfassende Beistandschaft, die die Vormundschaft ersetzt, nicht nötig wäre. Aber sie steht trotzdem im Gesetz. Es bleibt zu hoffen, dass diese Form der Beistandschaft nur in Ausnahmefällen angeordnet wird.

> **INFO** *Wer wegen dauernder Urteilsunfähigkeit unter umfassende Beistandschaft gestellt wird, ist vom Stimm- und Wahlrecht ausgeschlossen.*

Kein Sorgerecht für die Kinder?
Frage: «Stimmt es, dass einem das Sorgerecht für die Kinder weggenommen wird, wenn man einen Beistand hat?»
Antwort: Nur Eltern, die unter umfassender Beistandschaft stehen, haben kein Sorgerecht für ihre Kinder – genauso wie jugendliche Väter und Mütter, die noch nicht volljährig sind. Alle anderen verbeiständeten Eltern können das Sorgerecht für ihre Kinder ausüben. Wenn die Beistandschaft aber auch der persönlichen Fürsorge dient, kann es durchaus sinnvoll sein, dass die Beiständin in Erziehungsfragen beratend zur Seite steht.

Wenn beide Elternteile das Sorgerecht nicht ausüben können, bekommen die Kinder einen Vormund. Seine Aufgabe ist es, den Unterhalt der Kinder sicherzustellen, für sie zu sorgen und in Erziehungsfragen das Nötige anzuordnen und zu überwachen. Er ist ihr gesetzlicher Vertreter. Die Vormundschaft endet automatisch, wenn die Kinder volljährig geworden sind.

Auch wer kein Sorgerecht hat, hat die Möglichkeit, eine persönliche Beziehung zu seinen Kindern zu pflegen. Der Vormund der Kinder wird diese Bemühungen sogar unterstützen, sofern nicht wichtige Gründe dagegen sprechen.

> **INFO** *Obwohl der Begriff «Vormund» im Erwachsenenschutzrecht nicht mehr vorkommt, wird er im Zusammenhang mit Kindern noch gebraucht: «Steht ein Kind nicht unter elterlicher Sorge, so ernennt ihm die Kindesschutzbehörde einen Vormund», heisst es in Artikel 327a ZGB.*

Was passierte mit Massnahmen, die vor 2013 angeordnet worden waren?

In den Schlusstiteln des ZGB ist geregelt, was mit denjenigen Massnahmen zu geschehen hatte, die vor Inkrafttreten des neuen Gesetzes angeordnet worden waren (Art. 14 und 14a SchlT ZGB):

- Wer vor dem 1. Januar 2013 bevormundet war, steht seither unter umfassender Beistandschaft.
- Nach altem Recht konnte das Sorgerecht der Eltern für ihre Kinder über die Volljährigkeit hinaus erstreckt werden. Solche Kinder waren entmündigt, aber nicht bevormundet. Von dieser Möglichkeit wurde oft bei geistig Behinderten Gebrauch gemacht. Dies ist mit dem neuen Recht nicht mehr möglich. Ein bestehendes erstrecktes Sorgerecht wurde deshalb automatisch in eine umfassende Beistandschaft umgewandelt; die Eltern wurden per 1. Januar 2013 also zu umfassenden Beiständen.
- Alle Massnahmen, die automatisch in umfassende Beistandschaften umgewandelt wurden, mussten überprüft werden. Wenn keine Gründe für die Weiterführung bestanden, mussten die umfassenden Beistandschaften in massgeschneiderte umgewandelt oder je nach Situation auch aufgehoben werden.
- Nach altem Recht angeordnete Beistandschaften und Beiratschaften blieben vorerst unverändert bestehen. Sie wurden bis spätestens am 31. Dezember 2015 ans neue Recht angepasst – wenn nicht, fielen sie ersatzlos dahin.

Das Ende der Beistandschaft

Eine Beistandschaft endet, sobald kein Grund mehr besteht, sie weiterzuführen, oder wenn die verbeiständete Person stirbt. Sie endet aber nicht, wenn der Beistand aufhört zu arbeiten, selber urteilsunfähig wird oder stirbt. Dann ernennt die Kesb einen neuen Beistand.

Die Beistandschaft wird aufgehoben

Möglich ist, dass eine Beiständin zum Schluss kommt, dass ihre Hilfe nicht mehr nötig ist. In einer solchen Situation kann sie ihr Mandat aber nicht einfach niederlegen. Sie muss die Aufhebung bei der Kesb beantragen. Diese wird prüfen, ob dem Antrag stattgegeben werden kann.

Auch die verbeiständete Person selber oder ihr Nahestehende können einen Antrag auf Aufhebung stellen. Wichtig zu wissen: Eine Beistandschaft kann man nicht einfach kündigen. Man kann aber zuhanden der Behörde einen Antrag schreiben, dass die Massnahme aufgehoben werden soll (eine Vorlage finden Sie im Anhang). Eine Ausnahme besteht nur bei der mildesten Form, der Begleitbeistandschaft: Hier hat die betroffene Person einen Anspruch, dass die Massnahme aufgehoben wird, wenn sie sie nicht mehr will. Aber auch in diesem Fall prüft die Behörde, ob es einer anderen Massnahme bedarf.

INFO *Auch wenn Sie selber eine Beistandschaft beantragt haben, können Sie diese (mit Ausnahme der Begleitbeistandschaft) nicht einfach wieder kündigen. Weil der Entscheid, dass eine Beistandschaft errichtet werden soll, bei der Behörde lag, liegt auch der Entscheid über eine Aufhebung wieder bei der Behörde.*

Was gilt nach dem Tod der verbeiständeten Person?
Frage: «Meine Mutter war verbeiständet. Quasi bei ihrem letzten Atemzug hat die Beiständin den Bleistift hingelegt und fühlt sich seither für nichts mehr verantwortlich. Ist das in Ordnung?»
Antwort: Eine Beistandschaft endet auf jeden Fall mit dem Tod der verbeiständeten Person, denn eine verstorbene Person kann nicht verbeistän-

det sein. Wenn Ihre Mutter unter einer Beistandschaft mit Vermögensverwaltung stand, könnte die Beiständin einzig die Erbschaftsverwaltung übernehmen. Dafür braucht es aber eine Ernennung durch die zuständige Behörde in Erbsachen; die Beiständin kann diese Aufgabe nicht einfach so übernehmen. Die Beerdigung, das Bezahlen noch offener Rechnungen und die Erbteilung sind auf jeden Fall Sache der Erben. Die Beiständin ist nach dem Tod Ihrer Mutter verpflichtet, einen Schlussbericht und gegebenenfalls eine Schlussrechnung zu erstellen. Beides erhalten die Erben von der Kesb zugestellt.

Die Massnahme wird umgewandelt

Es kann sein, dass eine bestimmte Beistandschaft nicht mehr angebracht ist, weil eine mildere Massnahme – beispielsweise eine Begleitbeistandschaft oder eine Beistandschaft ohne Entzug der Handlungsfähigkeit – den Zweck auch erfüllt. Auch der umgekehrte Fall ist möglich.

Bei der Errichtung einer Beistandschaft prüft die Behörde, ob die vorgesehene Lösung verhältnismässig ist, ob sie also nicht einen zu starken Eingriff darstellt oder zu wenig Schutz bietet. Weil eine Massnahme weder zu stark noch zu schwach sein darf, muss die Verhältnismässigkeit auch dann geprüft werden, wenn es darum geht, eine bestehende Beistandschaft zu ändern. So ist es möglich, dass nach einem Antrag auf Aufhebung eine Massnahme nicht aufgehoben, sondern umgewandelt wird – beispielsweise wenn eine persönliche Hilfe oder eine Hilfe in Vermögenssachen nach wie vor angezeigt ist.

DIE HEUTE 50-JÄHRIGE GERDA F. wurde im Alter von 25 Jahren wegen einer schweren psychischen Krankheit bevormundet. Mit Inkrafttreten des Erwachsenenschutzgesetzes wurde sie unter umfassende Beistandschaft gestellt; nun beantragt sie die Aufhebung. Weil Frau F. seit mehreren Jahren in ambulanter Therapie ist und ihre Medikamente regelmässig einnimmt, ist ihr Zustand stabil. Doch ihre Vormundin hat in den vergangenen Jahren sämtliche Angelegenheiten für sie erledigt, sodass Frau F. nie gelernt hat, mit Versicherungen, Amtsstellen oder Banken zu korrespondieren. Aus diesem Grund errichtet die Kesb anstelle der umfassenden Beistandschaft eine Vertretungsbeistandschaft. Wenn sich der Zustand von Gerda F. weiterhin stabilisiert, ist auch diese in absehbarer Zukunft vielleicht nicht mehr nötig. Dann ist zu prüfen, ob eine Begleitbeistandschaft sinnvoll wäre oder ob gar keine Massnahme mehr angezeigt ist.

Endet eine Beistandschaft, wenn man umzieht?
Frage: «Ich bin verbeiständet und will umziehen. Darf ich? Und endet dann die Beistandschaft?»
Antwort: Wenn Sie Ihren Wohnsitz wechseln, übernimmt die Behörde am neuen Wohnort die Massnahme. Nach altem Vormundschaftsrecht wurde mit diesem Wechsel mindestens bis ein Jahr nach dem Umzug gewartet. Diese Praxis war aber nirgends in einem Gesetz festgehalten. Jetzt ist die Regelung so, dass die Massnahme unverzüglich an den neuen Wohnort zu übertragen ist, wenn nicht wichtige Gründe dagegen sprechen. Ein wichtiger Grund kann zum Beispiel die Tatsache sein, dass eine verbeiständete Person alle paar Monate von einem Ort zum anderen zieht – oder dass sie zu ihrem Beistand ein Vertrauensverhältnis aufgebaut hat, das nicht gestört werden soll.

Weiterführende Hilfe

In unserer Gesellschaft gilt es vielerorts als Schande, wenn man seine Probleme nicht allein lösen kann. Es ist jedoch keine Schwäche, sondern eine Stärke, wenn jemand erkennt, dass er zur Bewältigung eines Problems Unterstützung oder Beratung benötigt. Allerdings sollte man aus dieser Erkenntnis heraus dann auch tatsächlich Hilfe suchen und in Anspruch nehmen.

Dabei spielt es keine Rolle, um welche Art von Problem es sich handelt. Wichtig ist nur, dass Sie das passende Hilfsangebot kennen. Im Anhang finden Sie Links, und falls Sie dort keine Unterstützung erhalten, die genau auf Ihr Problem zugeschnitten scheint, wenden Sie sich an den Sozialdienst Ihrer Gemeinde, an eine Beratungsstelle oder an Ihren Arzt.

TIPP *Passen Sie auf, dass Sie nicht einem Scharlatan in die Finger geraten, der Ihnen das Blaue vom Himmel verspricht. Solchen Heilsversprechungen verfällt man nämlich schnell, wenn man* *nicht mehr weiterweiss. Wenden Sie sich im Zweifelsfall an eine Konsumentenschutzorganisation, eine Sozialberatung oder eine andere neutrale Beratungsstelle.*

Beistand und Beiständin – ein Steckbrief

Die Kesb ordnet die Massnahme an, geführt wird das Mandat in der Folge von einem Beistand, einer Beiständin. «Die Erwachsenenschutzbehörde ernennt als Beistand oder Beiständin eine natürliche Person, die für die vorgesehenen Aufgaben persönlich und fachlich geeignet ist, die dafür erforderliche Zeit einsetzen kann und die Aufgaben selber wahrnimmt», heisst es im Gesetz.

Ein Beistand kann nicht nach eigenem Gutdünken schalten und walten, die Kindes- und Erwachsenenschutzbehörde umschreibt seine Aufgabenbereiche entsprechend den Bedürfnissen der betroffenen Person.

Das dürfen Sie von einem Beistand erwarten

Minimale Anforderungen sind Reife und Lebenserfahrung, Belastbarkeit und eine integre Persönlichkeit. Auch andere menschliche Werte sind gefragt: Ein Beistand, eine Beiständin soll tolerant, verständnisvoll und vorurteilslos sein. Es soll ihr oder ihm immer bewusst sein, dass es nicht allen Menschen leichtfällt, fremde Hilfe anzunehmen. Zudem muss eine Beiständin, in der Lage sein, der verbeiständeten Person zu helfen; sie muss sich auskennen mit dem Schwächezustand, muss wissen, wie sie etwas verändern kann. Das ZGB regelt das Amt des Beistands in den Artikeln 400 bis 404, die Führung der Beistandschaft in den Artikeln 405 bis 414.

Das Verhältnis zur verbeiständeten Person
Zwischen der Beiständin und der von ihr betreuten Person besteht ein Ungleichgewicht. Die Beiständin kennt sich aus, kommt im Alltag besser zurecht; die betreute Person ist in der schwächeren Position. Daraus ergeben sich einige Verhaltensregeln für Beistände:

- Der Beistand, die Beiständin achtet die Persönlichkeit der betreuten Person und vermeidet jede Form von Diskriminierung, etwa aufgrund von Alter, Geschlecht, Religion, politischer Einstellung, sexueller Orientierung oder Krankheit.
- Das Wohlergehen der betreuten Person hat für sie oder ihn immer Vorrang. Das heisst aber nicht, dass der Beistand alles so machen soll, wie die verbeiständete Person das gern möchte.
- Er oder sie informiert die betreute Person umfassend über ihre Rechte und ihre Pflichten.
- Er oder sie respektiert die Rechte der betreuten Person und gesteht ihr grösstmögliche Selbstbestimmung zu.
- Er oder sie ist freundlich und der betreuten Person wohlgesinnt.

Mitspracherecht bei der Wahl des Beistands?
Frage: «Mit der Beistandschaft als solcher kann ich mich noch knapp abfinden. Aber der vorgesehene Beistand passt mir absolut nicht. Habe ich ein Mitspracherecht?»
Antwort: Sie haben das Recht, sich im Rahmen der Anhörung auch zur Person Ihres Beistands zu äussern. Die Behörde ist sogar verpflichtet, einen von Ihnen vorgeschlagenen Beistand Ihres Vertrauens zu ernennen – vorausgesetzt, er ist für die Aufgabe geeignet. Die Behörde muss also nachfragen. Zudem: Wünschenswert ist, dass Sie und Ihr Beistand miteinander harmonieren, sich im besten Fall sogar mögen. Wenn das absolute Gegenteil zutrifft, können Sie einen vorgesehenen Beistand ablehnen. Die Behörde wird prüfen, ob Sie stichhaltige Argumente haben, die gegen seine Wahl als Ihre Betreuungsperson sprechen. Wiederholte Ablehnung von weiteren Beiständen kann die Massnahme als solche jedoch nicht vereiteln.

Werden Verbeiständete überwacht?
Frage: «Mein Sohn steht unter Beistandschaft, weil er mit seinem Leben nicht klarkommt. Seine Beiständin hat aber höchstens viermal im Jahr Zeit für ihn. Wie soll sie ihn da überwachen, damit er nicht straffällig wird?»

Antwort: Es ist eine weitverbreitete, aber dennoch falsche Meinung, dass Menschen unter Beistandschaft überwacht würden und keinerlei Verantwortung mehr übernehmen müssten, weil der Beistand, die Beiständin für sie verantwortlich sei. Diese Meinung trifft genauso wenig zu wie die gängige Auffassung, Eltern seien haftbar für alle Schäden, die ihre urteilsfähigen Kinder verursachen. Auch Verbeiständete können für ihre Handlungen verantwortlich gemacht werden.

Wie viel Zeit setzt ein Beistand ein?
Frage: «Meine Tante hat eine Beiständin und lebt in einem Pflegeheim. Die Beiständin lässt sich dort aber kaum je blicken. Wäre sie nicht dazu verpflichtet?»
Antwort: Ein Beistand ist verpflichtet, mit der verbeiständeten Person persönlichen Kontakt aufzunehmen. Wie viel Zeit er dafür aufwendet, liegt in seinem Ermessen – und oft auch an seiner Arbeitsbelastung: Ein Berufsbeistand hat schnell einmal 80 bis 100 Mandate zu führen. Dies darf aber keine Ausrede sein. Laut Gesetz hat der Beistand danach zu streben, «den Schwächezustand zu lindern oder eine Verschlimmerung zu verhüten». Ziel ist also ein möglichst guter Schutz der betreuten Person – das lässt sich aber nicht mit der Häufigkeit von Kontakten gleichsetzen.

Angehörige oder Bekannte als Beistände

Betroffene, ihre Angehörigen oder ihnen nahestehende Personen können der Kesb jemanden als Beistand oder als Beiständin vorschlagen. Entspricht die Behörde dem Vorschlag nicht, muss sie dies begründen.

Verwandte und Bekannte – selbst wenn sie sich grundsätzlich eignen würden – sind keine Garanten für eine Betreuung, die dem Wohl des Betroffenen dient. Es hat sich gezeigt, dass gerade Angehörige, die als Beistand amten, sich von einem gekränkten Familienstolz dazu verleiten lassen können, die tatsächlichen Schwierigkeiten der betreuten Person zu verharmlosen. Denkbar ist auch, dass ein Verwandter, eine Bekannte die betreute Person allzu hart anfasst und Leistungen verlangt, die diese gar nicht erbringen kann. Kurz: Zu starke Bindung und fehlende Distanz können private Beistände daran hindern, sachgerechte und einzig im Interesse der betreuten Person liegende Entscheide zu treffen.

SILVIO S. MÖCHTE BEISTAND seines psychisch kranken Bruders werden. Er findet, sein Bruder habe zeitlebens die Eltern ausgenützt, man müsse dem faulen Kerl einfach mal sagen, wo es langgeht. Die Behörde wählt deshalb eine ehemalige Studienkollegin zur Beiständin.

DER GEISTIG BEHINDERTE TIM K. hätte gern seine Patin als Beiständin. Diese bezeichnet ihn als «lustigen Clown» und «Sonnenschein an tristen Tagen». Mit dieser Optik übersieht sie die wahren Probleme ihres «Göttibuben», deshalb wird Herrn K.s Wunsch nicht stattgegeben. Er ist aber einverstanden, dass sein Bruder das Amt übernimmt.

FERNANDO N. IST DER BEISTAND seiner hochbetagten Mutter. Diese war schon immer eine sehr resolute Frau. Deshalb traut sich Herr N. kaum, etwas gegen ihren Willen zu entscheiden – selbst wenn dies zu ihrem Wohl wäre. Er möchte lieber wieder einfach nur Sohn sein, ohne die ganze Administration zu verwalten und Entscheide fällen zu müssen, die ständig zu Streit führen. Deshalb wird eine Berufsbeiständin eingesetzt.

Weniger Bürokram?

Amten Angehörige oder Lebenspartner als Beistände, kann ihnen die Kesb administrative Erleichterungen gestatten: etwa bei der Berichterstattung (siehe Seite 75), bei der Inventarpflicht oder wenn es darum geht, für ausserordentliche Geschäfte die Zustimmung der Behörde einzuholen (siehe Seite 77). Solche Erleichterungen werden aber sehr zurückhaltend gewährt. Der Bundesrat warnt in der Botschaft zum Erwachsenenschutzrecht, dass bei Angehörigen wegen der nahen Beziehung und der fehlenden professionellen Distanz die Gefahr eines Missbrauchs des Abhängigkeitsverhältnisses noch grösser sein könne als bei aussenstehenden Mandatsträgern.

Privatbeistände, Berufsbeistände

Beistandschaften können von Privatpersonen oder von Angestellten eines Sozialdienstes beziehungsweise einer Berufsbeistandschaft geführt werden. Im ersten Fall spricht man von Privatbeiständen, im zweiten Fall von Berufsbeiständen.

- Privatbeistände sind geeignet für einfache Beistandschaften, für die es kein spezielles Fachwissen braucht. Gesunder Menschenverstand, Menschenkenntnis, Lebenserfahrung und Sozial- und Selbstkompetenz sind die nötigen Eigenschaften. Von Vorteil ist es, wenn der Schriftverkehr keine Mühe bereitet und der Umgang mit Ämtern nicht zu Kopfzerbrechen führt.
- Berufsbeistände werden für komplexere Beistandschaften benötigt, bei denen es nebst den oben genannten Kompetenzen spezifisches Fachwissen braucht, etwa vertiefte juristische Kenntnisse, Know-how in Sozialversicherungsfragen und Finanzangelegenheiten, psychologisches Wissen und Verständnis.

INFO *Im alten Vormundschaftsrecht konnte fast jedermann verpflichtet werden, eine Beistandschaft zu übernehmen. Das neue Recht hat diesen Zwang übernommen: Theoretisch kann man also nach wie vor gegen seinen Willen zum Beistand ernannt werden. Der Gesetzgeber ist aber daran, diese Bestimmung zu streichen.*

PRIVATBEISTAND – ETWAS FÜR SIE?
Ist Solidarität für Sie weder ein Fremdwort noch ein Wort, über das man sich lustig macht? Gehören Geduld, Verständnis, Toleranz, Einfühlungsvermögen und Durchsetzungskraft zu Ihren Charaktereigenschaften? Fühlen Sie sich privilegiert und möchten der Gesellschaft etwas zurückgeben? Dann bringen Sie vielleicht die Voraussetzungen mit, um als Privatbeistand oder Privatbeiständin eingesetzt zu werden. Kontaktieren Sie eine Kesb (Adressen im Anhang) und fragen Sie nach, wie Sie sich bewerben können. ∎

Die Entschädigung für den Beistand
«Der Beistand oder die Beiständin hat Anspruch auf eine angemessene Entschädigung und auf Ersatz der notwendigen Spesen aus dem Vermögen der betroffenen Person. Bei einem Berufsbeistand oder einer Berufsbeiständin fallen die Entschädigung und der Spesenersatz an den Arbeitgeber», heisst es im Gesetz. Wenn die verbeiständete Person kein Geld hat, wird die Entschädigung aus der Gemeindekasse bezahlt.

Die Entschädigung einer Privatbeiständin gilt als unselbständiges Erwerbseinkommen und muss in der Steuererklärung deklariert werden. Sozialversicherungsrechtlich gesehen ist die Entschädigung beitragspflichtiger Lohn. Berufsbeistände arbeiten fast immer auf einem Sozialdienst oder bei einer Berufsbeistandschaft und erhalten ein monatliches Gehalt. Deshalb fällt die Entschädigung für sie an den Arbeitgeber und ist nicht etwa ein Supplement zum Lohn.

Aufgabenkatalog für einen Beistand

Im Anforderungsprofil unterscheiden sich private Beistände von Berufsbeiständen. Die Aufgaben jedoch sind dieselben. Sie leiten sich vom Schutzbedarf der verbeiständeten Person ab. Ein Überblick:
- Der Beistand, die Beiständin steht in persönlichem Kontakt zur verbeiständeten Person und strebt danach, ein Vertrauensverhältnis aufzubauen. Doch keine Regel ohne Ausnahme: Lebt die verbeiständete Person etwa in einem Pflegeheim, kann der Beistand die Betreuung delegieren. Er braucht also nicht in ständigem Kontakt mit ihr zu sein.
- Die Beiständin nimmt die ihr übertragenen Aufgaben selbst wahr. Teilaufgaben, zum Beispiel die Buchhaltung, kann sie aber an eine Administrativkraft delegieren. Auch wenn eine Aufgabe delegiert wird, ist die Beiständin verantwortlich und allenfalls haftbar.
- Sie hält sich in ihrer Tätigkeit an die Aufgabenbereiche, die ihr die Behörde entsprechend den Bedürfnissen der betroffenen Person aufgetragen hat.
- Sie ist zur Verschwiegenheit verpflichtet. Dies gilt auch und insbesondere Angehörigen gegenüber (Ausnahmen siehe Seite 76).
- Wenn die Beistandschaft eine Vermögensverwaltung beinhaltet, nimmt der Beistand ein Inventar auf. Er muss das Vermögen sorgfältig verwalten und der verbeiständeten Person angemessene Beträge zur freien Verfügung überlassen. Zudem führt er Rechnung und legt diese der Behörde mindestens alle zwei Jahre zur Genehmigung vor. Die Rechnung muss er der verbeiständeten Person erläutern und ihr auf Verlangen eine Kopie aushändigen.
- Der Beistand hat selbständiges Handeln der betroffenen Person zuzulassen und soll sie dazu motivieren. Im Rahmen ihrer Urteilsfähigkeit

können Verbeiständete auch bei Beschränkung der Handlungsfähigkeit Geschäfte tätigen. Insbesondere die höchstpersönlichen Rechte sind eine Tabuzone für Beistände (mit Ausnahme der relativ höchstpersönlichen bei Urteilsunfähigkeit, siehe Seite 20)
- Die Beiständin hat der verbeiständeten Personen einen Betrag zur freien Verfügung zu überlassen, soweit sie das im Rahmen ihres Auftrags verantworten kann.
- Mindestens alle zwei Jahre erstellt sie einen Bericht zuhanden der Behörde (siehe unten). Wenn immer möglich zieht die Beiständin dabei die verbeiständete Person bei und gibt ihr auf Verlangen eine Kopie des Berichts.
- Die Beiständin informiert die Behörde über Umstände, die eine Änderung der Beistandschaft erfordern oder eine Aufhebung ermöglichen.

Was gehört in einen Bericht des Beistands?

Der Bericht, der mindestens alle zwei Jahre fällig ist, soll sich nicht nur auf Schwächen richten, sondern auch auf Stärken und Erfolge hinweisen. Folgende Punkte gehören in einen solchen Bericht: Grund der Massnahme, Beschreibung des Auftrags und der Ziele; die Art und Häufigkeit der Kontakte; Erfolge und Misserfolge in den wichtigsten Lebensbereichen; je nach Mandat auch Finanzen und Versicherungen; Ausblick und Prognose. Im Schlussteil begründet der Beistand, weshalb die Massnahme beibehalten, geändert oder aufgehoben werden soll.

Es versteht sich von selbst, dass ein solcher Bericht sachlich zu sein hat und nicht mit Wertvorstellungen des Beistands durchsetzt sein darf. Es gilt Beobachtetes zu beschreiben, es allenfalls zu erklären und bewertende Schlussfolgerungen klar von der Beschreibung zu trennen.

Persönliche und intime Erlebnisse oder Geschehnisse, die eine verbeiständete Person ihrem Beistand anvertraut hat, gehören nicht in den Bericht – es sei denn, sie hätten unmittelbare Auswirkungen auf die Führung der Beistandschaft.

Die Schweigepflicht

Oft sind dem Beistand die ganz privaten Verhältnisse der betreuten Person bekannt, die Dritte nichts angehen. Diese Kenntnis benötigt er, wenn er der verbeiständeten Person helfen will. Mit diesem Wissen darf ein Beistand nicht leichtfertig umgehen, denn trotz der Massnahme haben die Betroffenen einen Persönlichkeitsschutz – auch dann, wenn sie urteilsunfähig sind. Angehörige, Arbeitgeber oder andere Amtsstellen dürfen nicht über die Vermögensverhältnisse, die Gründe für die Beistandschaft, Diagnosen, die Vergangenheit der Betroffenen oder ihre Zukunftsperspektiven informiert werden.

Die Verschwiegenheitpflicht gilt nicht, wenn eine Auskunft den Interessen der verbeiständeten Person dient. Zum Beispiel kann es ihr durchaus zugute kommen, wenn der Beistand mit der Vermieterin, einer Heimleiterin, den Angehörigen oder den Sozial- und Privatversicherungen Kontakt aufnimmt.

Oft sind Dritte über die Beistandschaft zu orientieren. Anders könnte sich der Beistand gar nicht auf das Vertretungsrecht berufen: Er muss zum Beispiel die Vermieterin darüber informieren, dass er in Mietsachen ein Vertretungsrecht hat und deshalb den Mietvertrag unterschreiben muss oder dass er eine Mietzinsreduktion verlangen kann. Wenn ein Beistand solche Informationen weitergibt, muss er die verbeiständete Person informieren, wem er was aus welchem Grund gesagt hat. Ziel ist, dass die betroffene Person immer weiss, wer was von ihr weiss. Das ist ein wesentliches, ihr zustehendes Recht.

Wann gilt die Schweigepflicht nicht?
Frage: «Ich bin Geschäftsmann. Wie kann ich sicher sein, dass mein Gegenüber Verträge abschliessen darf?»
Antwort: Verträge sind nicht gültig, wenn eine der Vertragsparteien für das abgeschlossene Geschäft nicht handlungsfähig ist. Wenn Sie wissen, dass Ihr potenzieller Vertragspartner verbeiständet ist, können Sie den Beistand fragen; dieser wird Ihnen Auskunft geben. In aller Regel weiss man aber nicht, ob ein Geschäftspartner verbeiständet ist. Im Zweifelsfall können Sie sich deshalb an die Kesb wenden. Auskunft darf die Behörde aber nur über das Vorliegen und die Wirkung einer Massnahme geben, sofern sie die Handlungsfähigkeit betrifft.

Haben Angehörige kein Recht auf Auskünfte?
Frage: «Ich bin der Meinung, dass jemand der Beiständin meines Vaters auf die Finger schauen muss. Deshalb bin ich mit vielen Fragen an sie gelangt. Doch die Beiständin sagte frech, dass sie mit mir gar nicht rede. Welche Rechte habe ich als Angehöriger?»
Antwort: Versuchen Sie es so zu sehen: Sie selbst sind gegenüber Ihrem Vater auch nicht verpflichtet, ihn über Ihre persönlichen Verhältnisse zu informieren. Allerdings: C'est le ton qui fait la musique! Die Beiständin hätte Ihnen erklären können, dass auch und gerade eine verbeiständete Person ein Recht auf die Wahrung ihrer Intim- und Privatsphäre hat. Eine Beistandschaft ändert daran nichts.

Im Übrigen ist es nicht so, dass die Beiständin tun und lassen kann, was ihr beliebt. Sie steht unter der Aufsicht und Kontrolle der Kesb. Mindestens alle zwei Jahre muss sie einen Rechenschaftsbericht ablegen und eine Kopie davon Ihrem Vater überlassen. Wenn Ihr Vater will, kann er Ihnen diesen Bericht zeigen.

Die Kesb hat ein Wörtchen mitzureden

Im Erwachsenenschutzrecht ist eine ganze Liste von Geschäften aufgeführt, für die der Beistand, die Beiständin die Zustimmung der Behörde braucht, wenn er oder sie in Vertretung einer verbeiständeten Person handelt. Um welche Geschäfte es sich handelt, sehen Sie in Artikel 416 ZGB (siehe Anhang).

Eine solche Zustimmung ist nicht nötig, wenn ein Beistand keine Vertretungsrechte hat, also bei einer Mitwirkungs- oder einer Begleitbeistandschaft. Ebenfalls keine behördliche Zustimmung braucht es, wenn die verbeiständete Person in ihrer Handlungsfähigkeit nicht beschränkt ist und dem Geschäft selber zustimmen kann.

> **INFO** *Hervorzuheben ist, dass der Beistand für eine Wohnungskündigung die Zustimmung der Behörde braucht – selbst wenn er das Recht hat, Mietverträge abzuschliessen. Zustimmungsbedürftig sind auch sogenannte Dauerverträge über die Unterbringung eines Verbeiständeten, also beispielsweise ein Betreuungs- oder ein Heimvertrag.*

Darf die Beiständin die Post öffnen und die Wohnung betreten?
Frage: «Meine Cousine ist meine Beiständin. Immer, wenn ich in den Ferien bin, geht sie, ohne mich zu fragen, in meine Wohnung. Und sie hat sogar meine Post zu sich umleiten lassen. Darf sie das?»
Antwort: Die Antwort steht im Gesetz: «Ohne Zustimmung der betroffenen Person darf der Beistand oder die Beiständin nur dann deren Post öffnen oder deren Wohnräume betreten, wenn die Erwachsenenschutzbehörde die Befugnis dazu ausdrücklich erteilt hat.» Die Behörde würde die Zustimmung zum Betreten Ihrer Wohnung aber nur geben, wenn sich Ihre Beiständin Sorgen macht, beispielsweise weil Sie schon lange nicht mehr gesehen wurden. Oder wenn Müll entsorgt werden muss. Die Zustimmung zum Öffnen der Post kann eine Beiständin erhalten, wenn es sich um Briefe von Banken, Versicherungen und anderen wichtigen Absendern handelt.

Beschwerden gegen den Beistand

«Der Beistand oder die Beiständin erfüllt die Aufgaben im Interesse der betroffenen Person, nimmt, soweit tunlich, auf deren Meinung Rücksicht und achtet deren Willen, das Leben entsprechend ihren Fähigkeiten nach eigenen Wünschen und Vorstellungen zu gestalten.» – so will es das Gesetz. Was aber, wenn Sie mit einer Handlung Ihres Beistands nicht zufrieden sind? Wenn Sie etwas möchten, was Ihnen die Beiständin verweigert? Oder wenn diese nie Zeit hat für Gespräche, Ihnen die Akteneinsicht verweigert, sich in Angelegenheiten einmischt, für die sie keinen Auftrag hat, oder die Arbeit sonst schlecht erledigt?

In solchen Fällen haben Sie die Möglichkeit, sich schriftlich gegen Handlungen oder Unterlassungen der Beiständin zu beschweren (Art. 419 ZGB). Auch eine Person, die Ihnen nahesteht, ist zu einer solchen Beschwerde berechtigt. Anders als Beschwerden gegen Entscheide der Behörden (oder Beschwerden im Zusammenhang mit fürsorgerischen Unterbringungen) sind Beschwerden gegen den Beistand nicht an Fristen gebunden (eine Vorlage finden Sie im Anhang).

Wenn eine Handlung des Beistands nicht mehr zu ändern ist oder wenn sich das Versäumnis nicht mehr gutmachen lässt, dann nützt eine Beschwerde nicht viel. Ist es zu einem finanziellen Schaden gekommen, können Sie

> **UNTERSCHIED BESCHWERDE UND AUFSICHTSBESCHWERDE**
> - **Aufsichtsbeschwerden** sind einerseits Beschwerden, mit denen das Verhalten eines Beistands bei der Kindes- und Erwachsenenschutzbehörde bemängelt, kritisiert oder beanstandet wird. Sie sind anderseits auch möglich, wenn man der Meinung ist, dass die Behörde pflichtwidrig, unzureichend oder zu langsam gehandelt hat. In diesem Fall ist die Aufsichtsbeschwerde an die Aufsichtsbehörde zu richten (Adressen im Anhang). Anders als bei einer Beschwerde sind Sie nicht an Fristen und Formen gebunden.
> - **Beschwerden** reicht man ein, wenn man mit Entscheiden nicht einverstanden ist. Will man sich wehren, kann man die Entscheide weiterziehen beziehungsweise anfechten (mehr zum Thema Beschwerden finden Sie in Kapitel 6).

eine Verantwortlichkeitsklage prüfen. Dabei sollten Sie sich juristisch beraten lassen. Möglich ist auch ein Antrag auf Wechsel des Beistands oder eine Aufsichtsbeschwerde. Eine Aufsichtsbeschwerde können Sie auch einreichen, wenn Anstand und Respekt des Beistands zu wünschen übrig lassen. Die Behörde ist allerdings nicht verpflichtet, auf eine Aufsichtsbeschwerde einzutreten.

Der Gang an die Öffentlichkeit
Es gibt Situationen, in denen sich Beistände eines schweren Vergehens schuldig gemacht haben. Auch der Beobachter hat in der Vergangenheit über solche Fälle berichtet. Bevor Sie aber an die Öffentlichkeit gehen, sollten Sie sich unbedingt mit einer unabhängigen Beratungsstelle besprechen oder gar einen Anwalt, eine Anwältin konsultieren (mehr dazu auf Seite 146).

Die fürsorgerische Unterbringung

Die fürsorgerische Unterbringung (FU) hiess im alten Vormundschaftsrecht fürsorgerische Freiheitsentziehung (FFE). Es ging – und geht – bei dieser Massnahme in erster Linie um Zwangseinweisungen in psychiatrische Kliniken, aber auch in andere Einrichtungen. Die neuen Artikel über die fürsorgerische Unterbringung regeln daneben noch weitere Bereiche, etwa medizinische und bewegungseinschränkende Massnahmen.

Was bedeutet fürsorgerische Unterbringung?

Eine fürsorgerische Unterbringung ist meist eine Kapitulationserklärung von Medizin, Sozialer Arbeit, Psychologie, Psychiatrie und Pflege: Sie ist das letzte Mittel, wenn kranke Menschen auf dem einvernehmlichen Weg keine Hilfe mehr annehmen. Es handelt sich um eine Massnahme, die stets gegen den Willen der Betroffenen angeordnet wird.

Geregelt ist die fürsorgerische Unterbringung in den Artikeln 426 bis 439 ZGB. Sie ist eine der stärksten Massnahmen des neuen Erwachsenenschutzrechts. Für die Betroffenen ist sie nicht selten mit Traumatisierungen ver-

FÜRSORGERISCHE UNTERBRINGUNG IM ÜBERBLICK
- Gegen den Willen der betroffenen Person wird bestimmt, wo sie sich aufhalten muss, zum Beispiel in einer psychiatrischen Klinik, in einem Alters- oder Pflegeheim statt in der eigenen Wohnung.
- Mit dem Aufenthalt sind medizinische Massnahmen oder Pflege, Beratung und Betreuung verbunden. Ziel ist, dass die betroffene Person möglichst bald wieder eigenständig leben kann.
- Je nach Situation kann während des Aufenthalts auch die Bewegungsfreiheit der Betroffenen eingeschränkt werden mit Isolationen, Fixierungen, Bettgittern, Liftcodes und Ähnlichem.
- Geregelt ist, wie Ärzte und Ärztinnen vorzugehen haben, wenn Einweisungen zum Zweck der medizinischen Behandlung erfolgen. Geregelt sind Notfallsituationen sowie das Vorgehen, wenn die Zustimmung des oder der Betroffenen zu einer medizinischen Massnahme fehlt.
- Zum Schutz der Betroffenen können für die Zeit nach der Entlassung zusätzliche Massnahmen angeordnet werden. Zum Beispiel kann die Weisung ergehen, dass jemand regelmässig seine Medikamente einnehmen oder regelmässig bei einer Suchtberaterin vorbeigehen muss.

bunden. Deshalb darf sie nur zum Einsatz kommen, wenn es keinen anderen Weg mehr gibt – in Ausnahmesituationen. Meist gehen die Sicht der Betroffenen und die der einweisenden Personen weit auseinander und die Betroffenen sind in aller Regel mit ihrer Unterbringung nicht einverstanden.

> **DER 56-JÄHRIGE SEBASTIAN K.** leidet an fortgeschrittener Multipler Sklerose. Aufgrund der Erkrankung geht seine Beziehung in die Brüche, er wird einsamer und zunehmend depressiv. Mit der Depression kommen auch immer häufiger Selbstmordgedanken auf. Eines Tages beschliesst Sebastian K., sich vor den Zug zu werfen. Er kann nur mit einer fürsorgerischen Unterbringung in einer psychiatrischen Klinik und mit einer medizinischen Behandlung vom Suizid abgebracht werden.

Schutzbedürftig: die Gründe für eine fürsorgerische Unterbringung

Auslöser für eine fürsorgerische Unterbringung ist, dass ein Mensch sich nicht helfen lassen will. Ist jemand mit einer Betreuung oder Behandlung einverstanden, braucht es nie eine fürsorgerische Unterbringung. Wenn er oder sie sich aber gegen eine notwendige Behandlung oder Hilfestellung wehrt, kann eine fürsorgerische Unterbringung am Platz sein – aber nur, wenn sie wirklich nötig ist.

Auch kranke oder betreuungsbedürftige Menschen haben ein Selbstbestimmungsrecht, dürfen grundsätzlich selbst entscheiden, wie und ob sie behandelt werden möchten. Wenn aber diese Selbstbestimmung durch eine Erkrankung getrübt ist und die erkrankte Person sich gleichzeitig schwer gefährdet, sieht das Gesetz aufgezwungene Hilfe vor (Art. 426 ZGB). Dabei kommt es nicht darauf an, ob der oder die Betroffene urteilsfähig oder urteilsunfähig ist. Im Gesetz steht, dass eine fürsorgerische Unterbringung möglich ist,

- wenn jemand an einer psychischen Störung oder an einer geistigen Behinderung leidet oder schwer verwahrlost ist
- und wenn es keinen anderen Weg gibt, dass dieser Mensch die notwendige persönliche Betreuung oder medizinische Behandlung bekommt (Schutzbedarf).

Es braucht also eine geistige Behinderung oder eine psychische Störung – wozu auch Suchterkrankungen gehören – oder aber eine schwere Verwahrlosung. Gemeint sind Verwahrlosungen, die so schwerwiegend sind, dass sie mit der Menschenwürde überhaupt nicht mehr vereinbar sind. In den allermeisten Fällen sind solche Verwahrlosungen mit einer psychischen Erkrankung verbunden.

Die medizinische Grunderkrankung – das Gesetz spricht von «Schwächezustand» – muss zu einer derart schwerwiegenden Situation führen, dass der betroffenen Person nur mit Betreuung oder medizinischer Behandlung geholfen werden kann – das Gesetz spricht von «Schutzbedürftigkeit». Nur in einer solchen Notsituation darf jemand gegen seinen Willen eingewiesen werden. Zentral dabei ist das Verhältnismässigkeitsprinzip (siehe Seite 53): Eine fürsorgerische Unterbringung ist nur gerechtfertigt, wenn mildere Massnahmen zum Schutz nicht mehr genügen.

MARTINA M., 75-JÄHRIG, leidet an einer Demenz und kann deswegen ihren Haushalt nicht mehr besorgen. Nachbarn melden der Kesb, dass es aus der Wohnung massiv stinke. Als eine Vertreterin der Behörde Frau M. besucht, stellt sie fest, dass überall verschimmelte Esswaren und Abfälle herumliegen. Alle Zimmer sind mit Fäkalien verschmutzt. Trotzdem will Martina M. auf keinen Fall ihre geliebte Wohnung verlassen. Sie wird mittels einer fürsorgerischen Unterbringung in ein Wohn- und Pflegeheim gebracht.
DER 32-JÄHRIGE SVEN H. leidet an einer Psychose mit Wahnvorstellungen. In akuten Phasen fühlt er sich dauernd beobachtet und verfolgt. Dann greift er unvermittelt Passanten an, demoliert Autos und versucht, seine Wohnung anzuzünden. Mit einer fürsorgerischen Unterbringung wird er zur Behandlung in eine psychiatrische Klinik eingewiesen.

DAS BRAUCHT ES FÜR EINE FÜRSORGERISCHE UNTERBRINGUNG

Psychische Störung Geistige Behinderung Schwere Verwahrlosung	+	keine andere Möglichkeit für die notwendige Betreuung oder Behandlung	=	Unterbringung in einer geeigneten Einrichtung

Fürsorgerische Unterbringungen sind keine Strafe

Frage: «Mein Vater wurde in eine psychiatrische Klinik eingewiesen. Ist er jetzt vorbestraft?»

Antwort: Nein, wer gegen seinen Willen in eine Klinik eingewiesen wird, ist deswegen nicht vorbestraft. Auch erhält er nicht automatisch einen Beistand. Wie die Beistandschaft dient die fürsorgerische Unterbringung dem Schutz und dem Wohl der hilfsbedürftigen Person. Es geht also nicht um eine polizeiliche Massnahme oder um eine Disziplinierung. Ziel ist es, Menschen beizustehen, die in einer derart schwerwiegenden Situation sind, dass ihnen nur noch geholfen werden kann, indem sie an einem anderen Ort untergebracht werden. Begriffe wie Strafe, Schuld oder Ähnliches haben hier keinen Platz.

Schutz der Angehörigen als Grund für eine Einweisung?

Frage: «In unserem Mehrfamilienhaus lebt ein psychisch kranker Mann. Alle Nachbarn und selbst seine eigene Familie fühlen sich von ihm terrorisiert. Kann man ihn nicht in eine Klinik einweisen?»

Antwort: Das Gesetz sagt, dass die Belastung von Angehörigen und Dritten und ihr Schutz zu berücksichtigen seien. Das ist gefährlich. Bloss wegen Unannehmlichkeiten für das Umfeld darf keine fürsorgerische Unterbringung veranlasst werden. Es geht immer um die betroffene Person selbst und um das Ziel, ihr mithilfe der Massnahme wieder zu einem eigenständigen Leben zu verhelfen. In der beschriebenen Situation muss also geprüft werden, ob der Mann wegen seiner psychischen Störung Schutz braucht, und vor allem auch, ob ihm nicht auf anderem Weg geholfen werden kann.

Zur Begutachtung in der Klinik zwangseingewiesen

Frage: «Die Präsidentin der Kesb hat mir in einem Brief geschrieben, dass ich zur Begutachtung in eine Klinik eingewiesen werde. Darf sie das?»

Antwort: Ja. Wenn die Behörde für die Beurteilung der Lage zwingend eine psychiatrische Diagnose benötigt und dies ambulant nicht möglich ist, dann können Sie zur Begutachtung in eine «geeignete Einrichtung» eingewiesen werden (Art. 449 ZGB). Solche Einweisungen kommen selten vor, weil sie einen starken Eingriff darstellen. Eine psychiatrische Klinik dürfte für eine Begutachtung geeignet sein. Die Unterbringung ist aber strikte auf die Begutachtung begrenzt; eine darüber hinausgehende medizinische Behandlung ist nicht zulässig. Sobald die Begutachtung beendet ist oder wenn die weiteren Untersuchungen auch ambulant möglich sind, müssen Sie entlassen werden. Stellt sich während der Begutachtung heraus, dass auch eine fürsorgerische Unterbringung zur Behandlung notwendig wird, dann braucht es dafür eine neue Verfügung.

Klinik, Spital, Heim – wohin wird man eingewiesen?

Die fürsorgerische Unterbringung muss in eine «geeignete» Einrichtung erfolgen, sagt das Gesetz. Das bedeutet, dass nicht jedes Heim, jede Institution infrage kommt. Geeignet ist eine Einrichtung dann, wenn sie organisatorisch und personell so eingerichtet ist, dass sie die notwendige Betreuung und Behandlung leisten kann. Vielerorts fehlen allerdings spezialisierte Einrichtungen für die Betreuung und Behandlung von Menschen, die nicht freiwillig eintreten. Deshalb werden die kantonalen psychiatrischen Kliniken meist für alle solchen Situationen als geeignet erachtet. Ausnahmsweise hat das Bundesgericht sogar eine Strafanstalt als geeignet angesehen.

Das heutige Recht setzt nicht mehr derart stark auf geschlossene Einrichtungen, wie das früher der Fall war. Das zeigt sich auch darin, dass nicht mehr von «fürsorgerischer Freiheitsentziehung», sondern von «fürsorgerischer Unterbringung» gesprochen wird. Wenn also jemand gegen seinen Willen aus seiner bisherigen (Wohn-)Situation in ein professionelleres Umfeld gebracht wird und sich dann mit der neuen Situation arrangiert, ist keine geschlossene Abteilung nötig. Das entspricht durchaus der Lebenserfahrung: Gerade ältere Menschen treten oft erst unter dem Druck ihrer Angehörigen in ein Alters- und Pflegeheim ein; sind sie einmal dort, arrangieren sie sich und versuchen nicht, wieder zurück in ihre alte Wohnung zu gehen. Ganz ähnlich reagieren oft ältere Menschen, die fürsorgerisch untergebracht werden. Geeignete Einrichtungen können also neben geschlossenen Abteilungen in Pflegeheimen oder psychiatrischen Kliniken auch offene Wohn- und Pflegeheime, Seniorenresidenzen, betreute Wohngruppen sein. Ziel ist es, einen Ort zu finden, wo die eingewiesene Person die notwendige Betreuung und Behandlung erhält, damit sie sich nicht mehr selber gefährdet.

Wer darf einweisen?

Eine fürsorgerische Unterbringung ist immer ein massiver Eingriff ins Selbstbestimmungsrecht eines Menschen. Deshalb ist von zentraler Bedeutung, wer einen solchen Eingriff veranlassen darf und welche Regeln für diese Personen gelten.

In erster Linie kann die Kesb eine fürsorgerische Unterbringung anordnen. Damit ist – anders als im früheren Vormundschaftsrecht – eine professionelle Behörde zuständig. Die Zuständigkeit der Regierungsstatthalter, Oberämter, Bezirksämter und wie sie alle hiessen, wurde aufgehoben.

Daneben können die Kantone vorsehen, dass auch Ärztinnen und Ärzte über fürsorgerische Unterbringungen befinden können – dies jedoch für maximal sechs Wochen (einige Kantone sehen kürzere Zeiten vor). Liegt nach Ablauf dieser Frist kein Entscheid der Behörde vor, fällt die fürsorgerische Unterbringung automatisch dahin. Der oder die Betroffene muss entlassen werden (Art. 429 ZGB).

Einweisung durch die Behörde

Wenn die Kesb jemanden fürsorgerisch unterbringen lässt, ist dies in aller Regel unbefristet. Die fürsorgerische Unterbringung muss aber aufgehoben werden, wenn die Voraussetzungen dazu nicht mehr gegeben sind – zum Beispiel in folgenden Situationen:
- Entlassen wird man, wenn keine stationäre Behandlung oder Betreuung mehr notwendig ist, sondern zum Beispiel eine ambulante Psychotherapie beim bisherigen Therapeuten ausreicht.
- Sieht jemand die Notwendigkeit ein und will freiwillig in der Einrichtung bleiben, braucht es keine fürsorgerische Unterbringung mehr.

Die Behörde muss die fürsorgerische Unterbringung regelmässig überprüfen. Die erste Überprüfung muss spätestens sechs Monate nach dem Unterbringungsentscheid stattfinden, spätestens sechs Monate danach die zweite. Anschliessend prüft die Behörde die Situation nur noch jährlich. Sie kontrolliert dabei, ob die Voraussetzungen für die Unterbringung wider Willen noch gegeben sind. Dazu muss die Behörde eine Stellungnahme der Klinik oder des Heims einholen; sie muss allenfalls auch die Beiständin oder eine Vertrauensperson konsultieren; und sie muss die betroffene Person persönlich anhören. Gegen den Entscheid kann Beschwerde an das zuständige Gericht erhoben werden (siehe Seite 143).

Mit der Polizei in die Klinik?
Frage: «Darf für den Transport in die Einrichtung die Polizei beigezogen werden?»
Antwort: Ja, die Polizei wird dann beigezogen, wenn die Beteiligten die betroffene Person nicht selbständig in die Einrichtung bringen können, zum Beispiel weil sie sich massiv wehrt. Die gesetzliche Grundlage dafür findet sich in Artikel 450g ZGB. Zudem dürfen unter medizinischer Aufsicht die für die Einweisung notwendigen Medikamente – in der Regel Beruhigungsmittel – verabreicht werden, nötigenfalls sogar mit Zwang, wenn der Transport nicht anders sichergestellt werden kann.

Auch Ärzte können einweisen

Will ein Arzt eine fürsorgerische Unterbringung veranlassen, kann er dies nicht per Fern- oder Telefondiagnose tun. Das Gesetz verlangt, dass der Arzt die betroffene Person unmittelbar vor der Einweisung persönlich untersucht und sie auch anhört. Der Arzt muss also vor Ort gehen, mit der betroffenen Person sprechen und sie wenn immer möglich dazu bewegen, die Hilfe freiwillig anzunehmen. Erst wenn das nicht möglich ist und die Voraussetzungen für eine fürsorgerische Unterbringung gegeben sind, kann der Arzt eine Einweisung veranlassen – vorausgesetzt, das kantonale Recht sieht überhaupt eine ärztliche Zuständigkeit vor. Zudem muss der Arzt die betroffene Person in verständlicher Sprache über die Massnahme informieren, sodass diese zur Unterbringung Stellung nehmen kann.

Unterbringung ohne Untersuchung?
Frage: «Der Arzt hat nur auf meine Frau gehört. Ohne mit mir zu reden, hat er mich in eine Klinik bringen lassen. Wie kann ich mich dagegen wehren?»

Antwort: Wenn ein Arzt jemanden ohne persönliche Anhörung einweist, ist das ein Formfehler, gegen den man Beschwerde erheben kann. Dieser Formfehler fällt jedoch nicht ins Gewicht, wenn die Anhörung zum Beispiel im Beschwerdeverfahren nachgeholt wird. Falls der Arzt Sie nicht angehört und auch gar nicht untersucht hat, ist sein Entscheid nichtig. Das heisst, der Entscheid entfaltet keine Wirkung und Sie können nicht in der Einrichtung festgehalten werden.

Schriftlicher Entscheid mit Rechtsmittelbelehrung

Neben der persönlichen Untersuchung und Anhörung hat der Arzt noch weitere Punkte zu beachten, wenn er rechtlich korrekt vorgehen will: Er muss einen Unterbringungsentscheid verfassen. Darin müssen folgende Punkte enthalten sein:

- Ort und Datum der Untersuchung
- Name des Arztes, der Ärztin
- Befund, Gründe und Zweck der Untersuchung
- Rechtsmittelbelehrung.

Ein Exemplar des Unterbringungsentscheids muss der Arzt dem oder der Betroffenen aushändigen; ein weiteres erhält die Einrichtung. Zudem muss der Arzt nahestehende Personen schriftlich über die Unterbringung informieren und ihnen auch mitteilen, dass sie Beschwerde gegen den Entscheid einlegen können.

In der Regel dürften die Ärzte den Ehepartner, die eingetragene Partnerin oder eine nicht verheiratete Lebensgefährtin informieren. Die eingewiesene Person kann aber im Rahmen ihrer Urteilsfähigkeit selbständig bestimmen, ob und wer informiert werden soll. Tut sie das, hat sich der Arzt an ihre Anweisung zu halten.

Nicht länger als sechs Wochen

Gemäss ZGB ist es Sache der Kantone, die Dauer der ärztlichen Einweisung festzulegen – unbegrenzt darf sie allerdings nicht sein: Ärztliche Unterbringungen dürfen maximal sechs Wochen dauern. Die meisten Kantone haben diese sechs Wochen übernommen, andere dagegen nicht. Im Kanton Solothurn zum Beispiel dürfen Ärzte jemanden für maximal 72 Stunden ärztlich unterbringen. Innerhalb dieses Zeitraums muss die Kindes- und Erwachsenenschutzbehörde über den Fall entscheiden.

Wenn sie nicht einen neuen (unbefristeten) Entscheid erlässt, muss die betroffene Person entlassen werden.

Zurückbehalten nach freiwilligem Eintritt

Wer freiwillig in eine Klinik eintritt, zeigt, dass er oder sie sich helfen lassen möchte. Dann ist eine fürsorgerische Unterbringung nicht notwendig (siehe Seite 83). Wer freiwillig eintritt, kann auch jederzeit wieder austreten. Doch davon gibt es eine Ausnahme – dann, wenn sich eine freiwillig eingetretene Person mit ihrem Austritt massiv selbst gefährdet. Dann kann die ärztliche Leitung der Klinik diese Person für maximal drei Tage zurückbehalten. Dies ist aber nur möglich, wenn sich der Patient, die Patientin an Leib und Leben gefährdet oder wenn das Leben und das körperliche Wohlbefinden von Mitmenschen ernsthaft gefährdet ist (Art. 427 ZGB).

PATRICIA F. HAT IMMER WIEDER Selbsttötungsgedanken. Sie möchte sich helfen lassen und geht deshalb in eine Klinik. Doch sie fühlt sich dort überhaupt nicht wohl und will schon nach zwei Stunden wieder raus. Die Ärzte befürchten, dass sie ihre Absichten in die Tat umsetzen wird. Eine solche akute Gefahr der Selbsttötung kann eine Zurückbehaltung rechtfertigen.

Wie geht es weiter?
Eine Zurückbehaltung gilt für maximal drei Tage. Innert dieser Frist muss die Behörde oder eine Ärztin nach kantonalem Recht die Situation überprüfen und wenn nötig eine weitere Unterbringung anordnen. Andernfalls fällt der Entscheid nach drei Tagen automatisch dahin. Wird jemand zurückbehalten, muss er oder sie darauf aufmerksam gemacht werden, bei welchem Gericht man Beschwerde dagegen einreichen kann.

Was gilt in Klinik und Heim?

Zwar ist eine fürsorgerische Unterbringung ein starker Eingriff in die persönliche Freiheit. Doch das bedeutet nicht, dass man in der Klinik rechtlos ist. Im Gesetz ist klar umschrieben, was die Einrichtung tun darf und welche Rechte die Eingewiesenen haben.

Wichtige Grundlage: der Behandlungsplan

Die medizinische Behandlung ist in den Artikeln 433 bis 435 ZGB geregelt. Zentral dabei ist der Behandlungsplan, den die Ärztin erstellen muss. Sie kann dies nicht eigenmächtig tun, sondern muss die eingewiesene Person sowie wenn immer möglich auch ihre Vertrauensperson beiziehen (zur Vertrauensperson siehe Seite 97).

Sinn des Behandlungsplans ist es, der eingewiesenen Person die bevorstehenden medizinischen Massnahmen zu erklären. In den Behandlungs-

---

DIE RECHTE DER EINGEWIESENEN – EIN ÜBERBLICK
Wer in eine Einrichtung eingewiesen wird, hat folgende Rechte:
- das Recht, über den Einweisungsentscheid informiert zu werden
- das Recht, über medizinische Massnahmen umfassend informiert und aufgeklärt sowie bei der Ausarbeitung des Behandlungsplans einbezogen zu werden
- das Recht, eine Vertrauensperson beizuziehen
- das Recht, entlassen zu werden, wenn die Voraussetzungen für die fürsorgerische Unterbringung weggefallen sind.
- das Recht, jederzeit ein Entlassungsgesuch zu stellen
- das Recht auf ein Austrittsgespräch
- das Recht auf periodische Überprüfung der Einweisung
- das Recht, beim Gericht eine Beschwerde einzureichen gegen:
  – eine (ärztliche) Unterbringung oder Zurückbehaltung
  – die Behandlung einer psychischen Erkrankung ohne Zustimmung
  – die Ablehnung eines Entlassungsgesuchs
  – die Einschränkung der Bewegungsfreiheit

plan gehören also die Art der Durchführung, die Folgen, Risiken, Chancen und Nebenwirkungen der geplanten Massnahmen, aber auch alternative Behandlungsmöglichkeiten. Er muss zudem zeigen, welche Folgen es nach sich ziehen könnte, wenn keine Behandlung gemacht wird. Kurz, die eingewiesene Person muss umfassend ins Bild gesetzt werden, welche Massnahmen aus medizinischer Sicht angezeigt sind. Damit der Behandlungsplan gültig wird, braucht er ihre Zustimmung. Für diese Zustimmung muss man urteilsfähig sein (siehe Seite 18).

INFO *Die medizinische Behandlung beschränkt sich auf die psychische (!) Erkrankung, die die Zwangseinweisung notwendig gemacht hat. Es geht also nicht darum, mit der Einweisung weitere denkbare medizinische Behandlungen zu ermöglichen.*

Mitreden bei der Behandlung – gewusst, wie
Frage: «Ich bin nach einem Selbsttötungsversuch in die Klinik eingewiesen worden. Jetzt will der Arzt den Behandlungsplan mit mir besprechen. Habe ich denn darauf überhaupt einen Einfluss?»
Antwort: Ja. Der Behandlungsplan ist ein Vorschlag und bietet eine Diskussionsgrundlage für Arzt und Patientin. Die Diskussion beschränkt sich aber auf medizinische Massnahmen, die die Einrichtung anbietet. Es ist also nicht möglich, eine Reittherapie zu machen, wenn dies in Ihrer Klinik nicht vorgesehen ist. Wenn Sie eine medizinische Behandlung wünschen, die nicht angeboten wird, muss geprüft werden, ob die Einrichtung geeignet ist – und ob es überhaupt Einrichtungen mit dieser Behandlung gibt. Wichtig zu wissen: Es muss nicht die effizienteste Massnahme ergriffen werden; wenn Sie beispielsweise massive Nebenwirkungen befürchten, können Sie eine andere Massnahme vorschlagen – vorausgesetzt, diese trägt zur Gesundung bei. Mit anderen Worten: Es geht um ein Aushandeln der geeigneten Behandlung, bei dem Sie und Ihr Arzt eine Einigung finden müssen.

INFO *Der Behandlungsplan ist nur so lange wirksam, wie die Zustimmung aufrechterhalten bleibt. Wenn Sie Ihre Zustimmung (teilweise) widerrufen, wird der Behandlungsplan in diesem Umfang aufgehoben und muss neu verhandelt werden.*

Patientenverfügung und Behandlungsplan

Frage: «Ich habe vor längerer Zeit eine Patientenverfügung geschrieben. Kann die nicht den Behandlungsplan ersetzen?»

Antwort: Nein und Ja. Nein, weil es bei einer fürsorgerischen Unterbringung immer einen Behandlungsplan braucht. Die Patientenverfügung wird erst benötigt, wenn jemand urteilsunfähig ist. Solange Sie urteilsfähig sind, müssen (und können) Sie den Behandlungsplan selber aushandeln. Sind Sie aber urteilsunfähig, kommt die Patientenverfügung zum Tragen. Die Anordnungen darin werden beim Erstellen des Behandlungsplans berücksichtigt, sind aber nicht verbindlich. In diesem Sinn also auch Ja.

Einsichtsrecht in den Behandlungsplan

Es gehört zu den Patientenrechten, dass man Einblick in die eigenen Daten erhält. Einblick haben auch die mit der medizinischen Situation befassten Personen: Ärztinnen, Therapeuten und ihre Hilfspersonen. Alle weiteren Personen – zum Beispiel Ihre Vertrauensperson, Angehörige, Ihr Ehemann – erhalten nur Einblick, wenn Sie damit einverstanden sind. Ist jemand urteilsunfähig, hat die gesetzliche Vertretung, in der Regel der Beistand mit dem Aufgabenbereich «medizinische Massnahmen», Einsichtsrechte – soweit dies zur Erfüllung der Aufgaben nötig ist und wenn die Einsicht dem mutmasslichen Willen des Patienten entspricht.

Ohne Zustimmung kein Behandlungsplan

Wenn eine Patientin dem Behandlungsplan nicht zustimmt, kommt dieser nicht zustande und kann nicht umgesetzt werden. Ist die eingewiesene Person urteilsfähig, kann ohne ihre Zustimmung auch keine medizinische Behandlung durchgeführt werden – ausser in einem Notfall (siehe Seite 95). Die im Gesetz vorgesehenen Massnahmen für den Fall, dass jemand nicht zustimmt, gelten nämlich nur bei Urteilsunfähigkeit. Und bloss weil jemand eine Massnahme verweigert, die aus medizinischer Sicht ratsam wäre, kann er nicht als urteilsunfähig bezeichnet werden.

TIPP *In der konkreten Situation besteht durchaus Gefahr, dass man als urteilsunfähig bezeichnet wird, damit die vorgesehenen Massnahmen durchgeführt werden können. Passiert Ihnen das, sollten*

Sie eine Zweitmeinung zu Ihrer Urteilsfähigkeit verlangen – und zwar von einem Arzt, der nicht in die Behandlung involviert ist. Zudem können Sie gegen den Entscheid Beschwerde erheben (siehe Seite 143).

Was gilt bei Urteilsunfähigkeit?
Wenn jemand überhaupt nicht in der Lage ist, über den Behandlungsplan mitzuentscheiden (Urteilsunfähigkeit), und auch keine Patientenverfügung vorliegt, müssen strenge Voraussetzungen erfüllt sein, damit die psychische Erkrankung behandelt werden kann (Art. 434 ZGB): Es muss sich um eine schwere Gefahrensituation handeln und es darf zudem keine andere geeignete Massnahme zur Verfügung stehen, die weniger einschneidend ist.

Sind beide Punkte erfüllt, kann die Chefärztin oder ihr Stellvertreter eine medizinische Massnahme schriftlich anordnen. Diese Anordnung muss mit einer Rechtsmittelbelehrung versehen sein. Ausgenommen von dieser Regelung sind Notfallsituationen: Wenn es zeitlich nicht möglich ist, die Chefärztin einzubeziehen, kann der behandelnde Arzt die unerlässlichen medizinischen Massnahmen sofort ergreifen.

Ausnahmen bestätigen die Regel
Angenommen, ein an Schizophrenie leidender Mann hat in seiner Patientenverfügung geschrieben, dass ihm bei Urteilsunfähigkeit die notwendigen Medikamente gegeben werden sollen. Dann können ihm diese verabreicht werden, wenn er bei der Einweisung bereits urteilsunfähig ist. Die oben aufgeführten Voraussetzungen müssen nicht erfüllt sein. Sobald sich der Mann dann doch gegen die Einnahme wehrt, muss der Arzt davon ausgehen, dass die Patientenverfügung nicht mehr seinem aktuellen Willen entspricht. Dann wäre eine Medikation nur zulässig, wenn es sich um eine Gefahrensituation handelt und keine andere Möglichkeit besteht.

Zwang bei medizinischen Massnahmen
Was geschieht, wenn eine urteilsunfähige Person sich trotz der Anordnung der Chefärztin weigert, die Medikamente zu nehmen? Zunächst einmal ist die eingewiesene Person verpflichtet, die Medikamente einzunehmen. Wenn sie sich aber standhaft weigert, kann auch physischer Zwang angewendet werden (zum Beispiel Festhalten, Fixieren). Die Ärzte müssen aber zuerst sämtliche weniger stark eingreifenden Möglichkeiten prüfen.

Die Regeln für den Notfall

Wenn es sich um eine Notfallsituation handelt, kann der Arzt die zum Schutz der betroffenen Person unerlässlichen medizinischen Massnahmen sofort ergreifen (Art. 435 ZGB). Eine Notfallsituation ist immer dann anzunehmen, wenn akuter Handlungsbedarf besteht und die Zeit fehlt, um wie auf der vorangehenden Seite beschrieben zuerst das schriftliche Okay der Chefärztin einzuholen.

ROLAND Z. IST WEGEN EINER SCHWEREN PSYCHOSE in der Klinik. Wenn es ihn überkommt, schlägt er mit einem Stuhl oder anderen Gegenständen wahllos auf alle ein, die sich ihm nähern. In einer solchen Situation ist es gerechtfertigt, ihm notfallmässig Medikamente zu verabreichen.

Die Ärzte müssen auch in solchen Situationen den mutmasslichen Willen des Patienten berücksichtigen – es sei denn, die Umsetzung dieses Willens wäre nicht zu verantworten. Einem schwer anorektischen jungen Mann darf die Ärztin in einer Notfallsituation die notwendige Ernährung geben, auch wenn sie annehmen muss, dass er nicht einverstanden ist. Dies ist aber nur erlaubt, wenn der mutmassliche Wille des Patienten durch die Krankheit überlagert beziehungsweise beeinträchtigt wird.

ANDERE MEDIZINISCHE BEHANDLUNGEN

Die medizinische Behandlung im Rahmen der fürsorgerischen Unterbringung – auch die Behandlung ohne Zustimmung – betrifft ausschliesslich psychische Erkrankungen. Möglich ist aber, dass während des Aufenthalts weitere medizinische Massnahmen notwendig werden, zum Beispiel die Behandlung eines komplizierten Schlüsselbeinbruchs. Wenn die eingewiesene Person urteilsunfähig ist, kommen die Regeln für medizinische Massnahmen bei Urteilsunfähigkeit und die Kaskadenordnung zum Tragen (siehe Seite 46).

Es gibt auch die Situation, dass jemand in eine Einrichtung eingewiesen wird, wo es gar keine Chefärztinnen hat – ein Altersheim zum Beispiel. Braucht dann ein eingewiesener Demenzkranker Medikamente, erfolgt die Zustimmung dazu ebenfalls über die Kaskadenordnung.

Bettgitter, Liftcode, Fixiertisch – bewegungseinschränkende Massnahmen

Bei der Einweisung in eine psychiatrische Klinik können auch körperliche Zwangsmassnahmen nötig werden. Man spricht von bewegungseinschränkenden Massnahmen (Art. 438 in Verbindung mit Art. 383 ZGB). Darunter werden verstanden: Bettgitter, Fixiertischchen, Sturzhosen, schwere Decken, die die Bewegungsfreiheit einschränken, Fünf-Punkte-Gurte (Fixationen an Händen, Füssen und Becken). Auch elektronische Vorkehrungen gehören dazu, zum Beispiel Liftcodes in Demenzabteilungen (zur Abgrenzung von den freiheitsbeschränkenden Massnahmen siehe Seite 124).

> **VORAUSSETZUNGEN FÜR BEWEGUNGSEINSCHRÄNKENDE MASSNAHMEN**
> Das Gesetz lässt bewegungseinschränkende Massnahmen in folgenden Fällen zu:
> - um eine Gefahrensituation abzuwenden oder
> - um eine schwere Störung des Gemeinschaftslebens in der Einrichtung zu beseitigen. Allerdings genügt es nicht, dass jemand bloss gegen unwesentliche Aspekte der Hausordnung verstossen hat. Das Verhalten der betroffenen Person muss unerträglich sein.
>
> Nie erlaubt sind bewegungseinschränkende Massnahmen, die ausschliesslich disziplinarische Zwecke verfolgen.

Bevor es zu bewegungseinschränkenden Massnahmen kommt, muss die betroffene Person darüber informiert werden (Ausnahme: Notfallsituationen). Es muss ihr erklärt werden, was geschieht, warum die Massnahme angeordnet wird, wie lange sie voraussichtlich dauert und wer sich während dieser Zeit um sie kümmert. Die Massnahme muss zudem protokolliert und regelmässig auf ihre Notwendigkeit hin überprüft werden. Über alles muss die Vertrauensperson (siehe nächste Seite) informiert werden. Auch gegen bewegungseinschränkende Massnahmen kann man jederzeit Beschwerde erheben (siehe Seite 143).

GEORG H. IST DEMENZKRANK und musste mittels fürsorgerischer Unterbringung aus seinem Haus in eine Dementenabteilung eingewiesen werden. Die Abteilung hat einen speziellen Liftcode, damit die Patienten die Räume nicht verlassen können. Dies ist durch die Einweisung bereits abgedeckt, weil die Einrichtung ja gerade deshalb geeignet ist – es braucht deshalb dafür keine bewegungseinschränkende Massnahme. Während des Aufenthalts hat Herr H. zunehmend delirante Schübe in Form von Halluzinationen. Er spricht dann mit einem Engel, der immer bedrohlicher wird. Dagegen will sich Herr H. wehren und kratzt und beisst alle, die ihm zu nahe kommen. Während der Schübe muss er deshalb teilweise fixiert und isoliert werden. Dies wird nicht durch die fürsorgerische Unterbringung gedeckt. Es muss also geprüft werden, ob die Voraussetzungen für bewegungseinschränkende Massnahmen (siehe Kasten) erfüllt sind.

Bewegungseinschränkung oder medizinische Massnahme?
Frage: «Meine Partnerin wird in der Klinik mit Medikamenten ruhiggestellt. Ist das nun eine bewegungseinschränkende oder eine medizinische Massnahme?»
Antwort: Gemäss dem Gesetzgeber soll das eine medizinische Massnahme sein. Dementsprechend ist auch zu prüfen, ob die Voraussetzungen für medizinische Massnahmen erfüllt sind. Es braucht insbesondere einen Behandlungsplan und, falls Ihr Partner dem Plan nicht zugestimmt hat, eine chefärztliche Anordnung (siehe Seite 94).

DIE BETAGTE SABINE D. wurde mit fürsorgerischer Unterbringung in ein Alters- und Pflegeheim eingewiesen. Aufgrund ihrer Alzheimererkrankung ist sie urteilsunfähig und hat die Tendenz, wegzulaufen. Um dies zu vermeiden, wird sie mit sedierenden Medikamenten beruhigt. Die Medikation ist aber nur erlaubt, wenn die Vertreterin gemäss Kaskadenordnung (siehe Seite 47) zustimmt (Art. 380 ZGB).

Hilfe in der Ausnahmesituation: die Vertrauensperson

Menschen, die an einer geistigen oder psychischen Erkrankung leiden und gegen ihren Willen eingewiesen werden, haben nicht selten Mühe, sich in ihrem neuen Umfeld zurechtzufinden. Sie können sich oft auch wegen der Medikamente kaum orientieren, sind verwirrt und nicht in der Lage, ihre

Rechte wahrzunehmen. Das Gesetz sieht deshalb vor, dass man für die Dauer eines solchen Aufenthalts eine Person seines Vertrauens beiziehen kann (Art. 432 ZGB).

Diese Vertrauensperson kann man frei wählen; ideal ist jemand, zu dem man in freundschaftlicher Verbundenheit steht. In Betracht kommen Angehörige, eine Patientenanwältin, ein Beistand, eine Freundin – eine Person also, die der Eingewiesene als Vertraute kennt, die aber durchaus eine gewisse kritische Distanz mitbringt. Weniger sinnvoll ist es, jemanden von den Mitarbeitenden der Klinik zu wählen, weil diese ihre Funktion wohl zu wenig unabhängig ausüben können.

INFO Möglicherweise verfügt die Einrichtung oder die Kesb über einen Pool an Freiwilligen, die bereit sind, die Aufgabe der Vertrauensperson zu übernehmen. Es ist der betroffenen Person aber stets freigestellt, jemand anderes zu wählen. Die Einrichtung wie auch die Behörde haben diese Wahl zu respektieren. Vorsicht ist geboten, wenn dubiose Organisationen Vertrauenspersonen anbieten. Im Zweifelsfall halten Sie sich an die Stellen, deren Adressen Sie im Anhang finden.

Die Aufgaben der Vertrauensperson

Die Vertrauensperson soll dem Eingewiesenen in administrativer Hinsicht beistehen, bei Konflikten vermitteln, bei Behördenkontakten helfen. Zentrale und wesentliche Aufgabe ist zudem die Mitwirkung bei der Erstellung des Behandlungsplans, zu der die Vertrauensperson beigezogen werden muss. Sie soll dafür sorgen, dass die Interessen des Eingewiesenen bei der Erarbeitung des Behandlungsplans berücksichtigt werden. Ferner kann die Vertrauensperson für den Eingewiesenen Beschwerden einreichen und kann mit seiner Zustimmung auch Einsicht in die Krankengeschichte erhalten. Weitere Aufgaben können ihr mit Auftrag und Vollmacht erteilt werden.

WERNER R. WIRD WEGEN EINER GEISTIGEN BEHINDERUNG und damit verbundenen Psychose in eine psychiatrische Klinik eingewiesen. Als Vertrauensperson wählt er seine Patin. Diese kennt ihn sehr gut, bringt seine Wünsche bei der Erstellung des Behandlungsplans ein und hilft ihm, Ängste gegenüber den vorgesehenen Medikamenten abzubauen. Sie unterstützt ihn auch bei der Suche nach einem neuen Heim. Als die psychiatrische Klinik eine aus ihrer Sicht unnötige Isolation anordnet, führt sie Beschwerde gegen diesen Entscheid.

RAHMENBEDINGUNGEN FÜR DIE VERTRAUENSPERSON
- Um die Aufgabe wahrnehmen zu können, muss die Vertrauensperson den Patienten auch ausserhalb der offiziellen Besuchszeiten besuchen dürfen. Eine externe Vertrauensperson ist somit nicht schlechtergestellt als zum Beispiel ein Mitpatient, der dieses Amt übernimmt.
- Die Vertrauensperson ist nicht Vertreterin der eingewiesenen Person, sondern ausschliesslich Beraterin und Vermittlerin.
- Gegenüber dem Staat besteht kein Anspruch auf Entschädigung. Allfällige Entschädigungen sind Sache zwischen Vertrauensperson und dem oder der Eingewiesenen.

Die ärztliche Schweigepflicht

Grundsätzlich unterstehen Ärztinnen und Ärzte sowie ihre Hilfspersonen und neu auch Psychotherapeuten dem Berufsgeheimnis. Sie dürfen nur unter strengen Voraussetzungen über Untersuchungen, Diagnosen, Prognosen ihrer Patienten sprechen. Basis für diese Vertraulichkeit ist das Arzt-Patienten-Verhältnis. Die Ärztin darf Informationen nur weitergeben, wenn der Patient damit einverstanden ist. Ausnahmsweise dürfen Informationen auch in folgenden Situationen weitergegeben werden:
- Eine gesetzliche Grundlage sieht einen Datenaustausch vor. Das kann insbesondere bei Melderechten und -pflichten von Ärzten der Fall sein.
- Die Ärztin wurde durch die vorgesetzte Stelle – in der Regel den Kantonsarzt – schriftlich von ihrer Geheimnispflicht entbunden.
- In Notfallsituationen, zum Beispiel wenn eine akut suizidale Patientin die medizinische Behandlung abbricht, darf der Arzt die Polizei informieren, damit diese sie sucht,
- Wenn eine Ärztin als Gutachterin tätig ist und ihren Auftrag nicht vom Patienten, sondern zum Beispiel von der Kesb erhält, ist sie der Behörde zur Auskunft verpflichtet.

- Wenn ein Arzt eine fürsorgerische Unterbringung oder eine Medikation ohne Zustimmung der Patientin anordnet, muss die Kesb im Rahmen einer Beschwerde oder bei der periodischen Überprüfung die Patientenakten einsehen.
- Wenn der Patient urteilsunfähig ist, kann der Arzt – im mutmasslichen Willen des Patienten – dessen gesetzliche Vertretung, zum Beispiel einen Beistand mit dem Aufgabenbereich Gesundheitsfürsorge, oder die in der Patientenverfügung genannte Person informieren.

Ansonsten dürfen Ärztinnen und Ärzte gegen den Willen eines volljährigen Patienten keine persönliche Information weitergeben, auch nicht an die Ehefrau, den Beistand oder an Angehörige. Deshalb ist es empfehlenswert, im Rahmen einer Patientenverfügung zu regeln, wer wie zu informieren ist, wenn man selbst urteilsunfähig ist (eine Vorlage finden Sie im Anhang).

Schweigepflicht gegenüber Angehörigen
Frage: «Mein Mann ist in einer psychiatrischen Klinik. Ich wollte wissen, was man dort mit ihm macht. Aber weder das Pflegepersonal noch die Ärzte geben mir Auskunft. Wären sie nicht verpflichtet?»
Antwort: Fragen Sie nach, ob Ihr Mann das Personal von der Schweigepflicht entbunden hat. Wenn dies nicht der Fall ist, haben Sie vielerorts kein Einsichtsrecht in den Behandlungsplan und werden nicht über die Behandlung informiert. Einige Kantone kennen aber andere Regelungen. Ist Ihr Mann urteilsunfähig und stehen medizinische Massnahmen an, sind Sie unter Umständen zuständig für die Zustimmung zu diesen Massnahmen. Dann haben Sie natürlich auch Einsichtsrechte (siehe Seite 46).

Die Entlassung

Sobald die Voraussetzungen für eine fürsorgerische Unterbringung nicht mehr gegeben sind, muss die eingewiesene Person entlassen werden. Doch wer ist zuständig für die Entlassung? Wie stellt man ein Entlassungsgesuch? Und wann ist eine Beschwerde nötig? Die folgenden Seiten geben Antwort auf diese Fragen.

Wenn die Behörde die Einweisung vorgenommen hat, ist sie auch zuständig für die Entlassung – es sei denn, sie delegiert den Entscheid an die Einrichtung. Das kann sie aber nur im Einzelfall tun, es muss also im Beschluss festgehalten sein, dass die Einrichtung für die Entlassung zuständig ist.

Wenn Ärzte nach kantonalem Recht jemanden einweisen, dann entscheidet automatisch die Einrichtung über die Entlassung. Gleiches gilt, wenn Ärzte einen Patienten zurückbehalten, der freiwillig eingetreten ist. Ausnahmsweise kann das im kantonalen Recht anders geregelt sein.

Das Entlassungsgesuch

Ein Entlassungsgesuch kann man jederzeit stellen (Art. 426 Abs. 4 ZGB); eine Begründung ist nicht nötig. Unzulässig sind auch irgendwelche administrativen oder formellen Hürden, etwa dass man persönliche Angaben machen oder weitere Dokumente einreichen müsse. Es genügt zum Beispiel, den Satz «ich will raus» auf einen Zettel zu schreiben (eine Vorlage für ein Entlassungsgesuch finden Sie im Anhang). Die Einrichtung muss das Entlassungsgesuch schnellstmöglich an die zuständige Stelle weiterleiten.

Entscheid ohne Verzug
Über ein Entlassungsgesuch muss ohne Verzug entschieden werden. Das Gesuch darf also nicht bloss an Werktagen beurteilt werden, sondern es muss auch eine Überprüfung an Wochenenden sichergestellt sein. Für psychiatrische Kliniken ist das nichts Neues, aber auch andere Einrichtun-

> **SO VERGRÖSSERN SIE DIE CHANCEN AUF EINE ERFOLGREICHE ENTLASSUNG**
> Bevor Sie ein Entlassungsgesuch stellen, sollten Sie prüfen, was vom Klinikaufenthalt (vielleicht doch) hilfreich ist und was mit dem Klinikaustritt anders wird. Besprechen Sie diesen Schritt zudem mit Ihrer Vertrauensperson und mit anderen Ihnen nahestehenden Personen, allenfalls auch mit einer Fachperson. Diese können Ihr Gesuch unterstützen und bei der Organisation des gesamten Entlassungsprozesses helfen. Denn meist ist nach dem Austritt weitere Unterstützung notwendig, zum Beispiel bei der Suche nach einem Psychotherapeuten, einer neuen Wohnung, einer neuen Arbeitsstelle. ■

gen sowie die Kesb haben sich daran zu halten. In der Regel müssten 24 Stunden für die Beurteilung reichen; in sehr komplizierten Fällen dürften es allerhöchstens fünf Tage sein (analog zur gerichtlichen Überprüfung, die innert fünf Arbeitstagen zu erfolgen hat).

Entlassungsgesuch oder Beschwerde?
Der Hauptunterschied: Eine Beschwerde geht immer an ein Gericht; ein Entlassungsgesuch wird entweder von der Kesb oder von der Einrichtung beurteilt. Sind Sie mit dem Entscheid nicht einverstanden, können Sie anschliessend ans Gericht gelangen.

Eine Beschwerde müssen Sie innerhalb einer vorgegebenen Frist einreichen. Diese Frist finden Sie in der Rechtsmittelbelehrung (siehe Seite 143); bei fürsorgerischen Unterbringungen und bei medizinischen Massnahmen beträgt sie zehn Tage seit Mitteilung des Entscheids. Ist diese Frist abgelaufen, können Sie keine Beschwerde mehr machen. Anders, wenn Sie sich gegen eine bewegungseinschränkende Massnahme wehren wollen oder wenn Ihr Entlassungsgesuch nicht innert nützlicher Zeit bearbeitet wird – dann können Sie jederzeit ans Gericht gelangen.

> **TIPP** *Mit einem Entlassungsgesuch können Sie jederzeit und ohne Beachtung von Fristen eine Überprüfung in die Wege leiten, ob Ihre fürsorgerische Unterbringung noch zulässig ist. Wird Ihr Gesuch abgewiesen, haben Sie immer noch die Möglichkeit, dagegen innert zehn Tagen beim Gericht Beschwerde zu führen. So haben Sie einen umfassenden Rechtsschutz.*

Das Austrittsgespräch

Bei der Entlassung aus der Klinik muss der Arzt ein Austrittsgespräch führen (Art. 436 ZGB). In diesem Gespräch werden Behandlungsgrundsätze definiert für den Fall, dass eine neue Unterbringung nötig wird. Die Patientin soll sich dazu äussern können, was sie dann gleich oder anders gehandhabt haben möchte. Dies betrifft insbesondere medizinische Massnahmen. Thematisiert werden aber auch bewegungseinschränkende Massnahmen. So lassen sich die Grundsätze für einen allfälligen nächsten Aufenthalt vereinbaren, was hilft, (künftige) Traumatisierungen zu verhindern. Zu guter Letzt ist das Austrittsgespräch auch notwendig, um die Nachbetreuung zu organisieren (siehe unten).

HANS D. HAT DEN AUFENTHALT IN DER KLINIK sehr schlecht erlebt; er ist traumatisiert. Besonders belastet hat ihn, dass er so stark sediert wurde. Im Austrittsgespräch teilt er dies der Ärztin mit und erklärt, dass er wenn nötig lieber zusätzlich fixiert würde. Der Wunsch von Herrn D. wird schriftlich festgehalten für den Fall, dass wieder eine Zwangseinweisung nötig wird.

Keine Verpflichtung
Frage: «Bin ich verpflichtet, am Austrittsgespräch teilzunehmen? Ich will mit diesen Ärzten nicht mehr reden.»
Antwort: Nein. Verpflichtet zum Austrittsgespräch ist die Einrichtung. Wenn Sie aber Ihr Selbstbestimmungsrecht wahrnehmen und für den Fall einer künftigen Unterbringung über die Art und Weise der Behandlung mitbestimmen möchten, dann sollten Sie das Gespräch nicht verweigern.

 INFO *Das Austrittsgespräch muss schriftlich festgehalten werden. Es ist von der Patientin und von der Einrichtung zu unterzeichnen.*

Nicht allein lassen: die Nachbetreuung

Ziel der Nachbetreuung ist es, eine erneute Einweisung zu verhindern. Deshalb können Patientinnen und Patienten bei der Entlassung aus der Klinik zum Beispiel verpflichtet werden, Medikamente einzunehmen oder eine Therapie zu machen (Art. 437 ZGB). Möglich ist auch eine Anweisung zu kontrollierter Abstinenz, zur Art der Berufsausübung oder die Verpflichtung, sich regelmässig auf einer Fachstelle zu melden. In der Regel werden solche Weisungen im kantonalen Recht auf sechs bis 24 Monate befristet. Laut Gesetz ist die Nachbetreuung Sache der Kantone. Die meisten Kantone haben Regelungen erlassen und vorgesehen, dass die Einrichtung oder/und die Kesb Nachbetreuungsmassnahmen anordnen können. In einzelnen Kantonen sind diese Massnahmen auch mit Zwang, also mit polizeilicher Hilfe, durchsetzbar (etwa Schaffhausen).

Ambulante Massnahmen
Zum Teil wird die Nachbetreuung im kantonalen Recht mit den ambulanten Massnahmen gleichgesetzt. Doch das ist nicht ganz dasselbe: Ambulante Massnahmen werden nicht wie eine Nachbetreuung im Anschluss an eine fürsorgerische Unterbringung angeordnet, sondern um eine Unterbringung zu verhindern (Art. 437 ZGB). Inhaltlich geht es aber weitgehend um dasselbe: um Verhaltensanweisungen, um die Verpflichtung zu Beratung und zur Medikamenteneinnahme. Auch ambulante Massnahmen können je nach Kanton mit Zwang durchgesetzt werden.

VERA N. IST EIN MESSIE (Vermüllungssyndrom) und muss zur Behandlung in eine Klinik eingewiesen werden. Beim Austritt aus der Klinik wird sie angewiesen, die Wohnung regelmässig von ihrer Beiständin kontrollieren zu lassen. Das ist eine Massnahme zur Nachbetreuung.
JOANA S. LEIDET AN SCHWEREN DEPRESSIONEN und ist selbstmordgefährdet. Sie will sich unter keinen Umständen stationär behandeln lassen, ist aber bereit, anderweitige Hilfe anzunehmen. Es ist also keine fürsorgerische Unterbringung nötig; eine ambulante Massnahme genügt: Die Kesb verpflichtet Frau S., regelmässig unter ärztlicher Aufsicht Medikamente einzunehmen und eine psychiatrische Behandlung in Anspruch zu nehmen.
HEINER T. IST ALKOHOLKRANK. Seine Leberwerte sind derart bedrohlich, dass er mit einer fürsorgerischen Unterbringung eingewiesen werden muss. Nachdem sich die Situation stabilisiert hat, bleibt Herr T. freiwillig noch eine Weile in der Einrichtung. Beim Austritt wird er angewiesen, regelmässig zur Suchtberatung zu gehen (ambulante Massnahme).

Wer das Verfahren kennt, kommt weiter

Wie das erwachsenenschutzrechtliche Verfahren vor sich geht, ist in Kapitel 6 beschrieben. Auf den folgenden Seiten werden ein paar wichtige Aspekte behandelt, die im Zusammenhang mit fürsorgerischen Unterbringungen besonders wichtig sind: die Anhörung, der Verfahrensbeistand, Kostenfragen und der Entzug der aufschiebenden Wirkung (Art. 450e ZGB).

Die Anhörung nach einer Beschwerde

Wer Beschwerde einreicht, wird von der Beschwerdeinstanz persönlich angehört – und zwar bei der fürsorgerischen Unterbringung nicht nur von einer Person, sondern von der gesamten Behörde. Das sind oft vier und mehr Personen plus allenfalls weitere Zugezogene, zum Beispiel eine Gutachterin. Die Betroffenen haben die Möglichkeit, zur Massnahme Stellung zu nehmen.

Die Gesprächssituation ist aber natürlich nicht einfach, wenn so viele Menschen über intime Dinge der eingewiesenen Person sprechen. Deshalb sollten Sie sich intensiv auf die Anhörung vorbereiten. Am besten zusammen mit Ihrer Vertrauensperson, die auch zum Gespräch mitkommen darf (mehr dazu auf Seite 139).

Hilfe im Verfahren

Ist eine eingewiesene Person urteilsunfähig, braucht sie Hilfe im Verfahren. Es wird ihr ein Verfahrensbeistand zur Seite gestellt. Aber auch bei Urteilsfähigkeit kann je nach Situation ein Verfahrensbeistand notwendig sein, wenn jemand nicht in der Lage ist, die eigenen Interessen vor Gericht sachgerecht zu vertreten. Es ist Sache des Gerichts, einen solchen Beistand anzuordnen. Tut es das nicht, kann man selber einen Beistand beauftragen. Der Verfahrensbeistand muss nicht Anwalt sein; es reicht, wenn er in rechtlichen und sozialen Fragen Erfahrung hat (mehr zum Verfahrensbeistand lesen Sie auf Seite 144.

Entzug der aufschiebenden Wirkung

Im Normalfall gilt, dass bei einer Beschwerde gegen einen Entscheid der Vollzug dieses Entscheids nicht möglich ist, bis die Beschwerdeinstanz über die Beschwerde befunden hat (aufschiebende Wirkung). Bei der fürsorgerischen Unterbringung ist das anders; hier kann der Entscheid trotz Beschwerde vollzogen, also direkt umgesetzt werden. Das nennt man «Entzug der aufschiebenden Wirkung». Die betroffene Person wird also trotz Beschwerde in die Klinik eingewiesen. Damit wird dem Umstand Rechnung getragen, dass eine solche Einweisung immer eine schwere Gefährdungssituation entschärfen soll und deshalb sofort passieren muss.

Der Entzug der aufschiebenden Wirkung ist aber nur eine vorläufige Regelung. Die Einweisung hat keinen Einfluss auf die Überprüfung durch das Gericht.

SEIT IHN SEINE FRAU VERLASSEN HAT, ist Thomas C. schwer depressiv und hat Suizidgedanken. Als er auch noch seine Arbeitsstelle verliert, plant er minutiös die Selbsttötung. Ein Freund entdeckt die Unterlagen und informiert den Notfallpsychiater. Da Herr C. sich kategorisch weigert, in eine Klinik zu gehen, wird eine fürsorgerische Unterbringung angeordnet und er wird in die kantonale psychiatrische Klinik gebracht. Obwohl er dort sofort eine Beschwerde einreicht, muss er in der Klinik bleiben, bis über die Beschwerde entschieden ist.

4 ■ ■ ■ DIE FÜRSORGERISCHE UNTERBRINGUNG

Schutz in Heimen

Viele Behinderte leben im Heim, und fast 30 Prozent der über 80-Jährigen verbringen ihren Lebensabend in einem der rund 1600 Alters- und Pflegeheime – viele von ihnen sind (teilweise) urteilsunfähig. Während der Entstehungszeit des neuen Gesetzes zeigte sich, dass rechtliche Regelungen notwendig sind zum Schutz von urteilsunfähigen Menschen, die in solchen Wohn- oder Pflegeeinrichtungen leben.

Was sind Wohn- oder Pflegeeinrichtungen?

Das neue Gesetz spricht nicht von Heimen, sondern von «Wohn- oder Pflegeeinrichtungen». Gemeint sind Institutionen, die pflegebedürftige oder behinderte Menschen aufnehmen, ihnen Wohnraum überlassen und die notwendige Betreuung und Verpflegung gewährleisten.

Alters- und Pflegeheime gelten praktisch immer als Wohn- oder Pflegeeinrichtung. Auch ein Krankenheim, in dem chronisch kranke Patienten betreut werden, kann eine solche Einrichtung sein.

Nicht zu den Wohn- oder Pflegeeinrichtungen gehört dagegen ein Spital: Dieses ist für akutkranke Patienten da, bei denen nicht die Pflege, sondern die medizinische Behandlung im Vordergrund steht. Auch die eigene Wohnung oder eine Wohngemeinschaft, in der unterstützende Dienste wie Mahlzeitendienst, Spitex möglich sind, zählt nicht zu diesen Einrichtungen.

WAS BEDEUTET URTEILSUNFÄHIG IM HEIM?
Urteilsfähig ist, wer in einer bestimmten Situation vernunftgemäss handeln kann (siehe Seite 18). In Wohn- oder Pflegeeinrichtungen kommt es darauf an, in Bezug auf welche Situationen jemand urteilsfähig beziehungsweise urteilsunfähig ist. Es geht vor allem um drei Bereiche:
- den Abschluss des Betreuungsvertrags
- bewegungseinschränkende Massnahmen
- die freie Arztwahl

Es kann durchaus sein, dass jemand für den Abschluss des Betreuungsvertrags urteilsunfähig ist, für die freie Arztwahl dagegen urteilsfähig. Das Personal der Einrichtung muss sich also ein genaues Bild verschaffen, ob und in welchem Bereich jemand urteilsunfähig ist. Ein schwieriges Unterfangen. Da der Abschluss eines Betreuungsvertrags hohe Anforderungen an die betroffene Person stellt, wird für dieses Geschäft die Urteilsfähigkeit häufig fehlen.

Damit etwas als Wohn- oder Pflegeeinrichtung gilt, muss es eine gewisse Organisation ausweisen: Man muss mit der Einrichtung einen Vertrag abschliessen und dafür braucht es eine Ansprechperson. Zudem muss die Einrichtung Wohnmöglichkeiten anbieten oder aber Pflegedienstleistungen (Betreuung, Pflege, therapeutische, erlebnispädagogische Versorgung). Die Regeln zu den Wohn- oder Pflegeeinrichtungen finden sich in den Artikeln 382 bis 387 ZGB.

INFO *Das Gesetz regelt nur die Situation von urteilsunfähigen Menschen in Wohn- oder Pflegeeinrichtungen. Dies deshalb, weil diese Menschen besonderen Schutz benötigen.*

Urteilsunfähige brauchen besonderen Schutz

Urteilsunfähige in Wohn- oder Pflegeeinrichtungen sind meist Menschen, die sich wegen einer Erkrankung nicht mehr äussern können, nicht mehr zu Denkprozessen fähig, eben urteilsunfähig sind. Für sie sieht das Gesetz folgende Schutzmassnahmen vor:

- **Betreuungsvertrag:** Für alle Urteilsunfähigen, die in Wohn- oder Pflegeeinrichtungen leben, muss ein Betreuungsvertrag erstellt werden, in dem die wichtigsten Rechte und Pflichten festgehalten sind.
- **Bewegungseinschränkende Massnahmen:** Das Gesetz regelt, welche bewegungseinschränkenden Massnahmen in Wohn- oder Pflegeeinrichtungen möglich sind, und zeigt die Grenzen auf.
- **Förderung von Kontakten:** Das neue Recht verpflichtet Wohn- oder Pflegeeinrichtungen, den Kontakt von urteilsunfähigen Pensionärinnen und Pensionären zu Menschen ausserhalb der Einrichtung zu fördern.
- **Freie Arztwahl:** Urteilsunfähige Pensionäre können nicht verpflichtet werden, sich von der Heimärztin behandeln zu lassen.
- **Aufsicht:** Alle Wohn- oder Pflegeeinrichtungen, in denen urteilsunfähige Personen betreut werden, unterstehen einer Aufsicht.

Unter Zwang ins Heim?
Frage: «Meine Mutter weigert sich, in ein Alters- oder Pflegeheim zu ziehen, obwohl sie wirklich nicht mehr allein leben kann. Ich mache mir grosse Sorgen. Kann ich sie zwingen?»

Antwort: Angehörige können keine Zwangsmassnahmen anordnen. Wenn sich Ihre Mutter weigert, könnte die Kesb oder je nach Kanton auch eine Ärztin eine fürsorgerische Unterbringung anordnen. Das wird sie aber nur dann tun, wenn Hilfestellungen wie Mahlzeitendienst und Spitex nicht mehr genügen und Ihre Mutter sich ernsthaft gefährdet. Wenn Ihre Mutter die Schwierigkeiten des Alleinlebens noch meistert, sieht die Situation anders aus: Ihre Sorge um sie kann einen zwangsweisen Heimeintritt nie und nimmer rechtfertigen. Der Wunsch Ihrer Mutter, den Lebensabend in den eigenen vier Wänden zu verbringen, ist in diesem Fall zu akzeptieren.

Der Betreuungsvertrag sagt, was gilt

Alle Menschen, die länger in einer Wohn- oder Pflegeeinrichtung leben und urteilsunfähig sind, benötigen einen Betreuungsvertrag. Was aber gehört in einen solchen Vertrag? Wer kann ihn abschliessen? Und wann ist ein Betreuungsvertrag ein guter Vertrag?

Ein Betreuungsvertrag wird benötigt, sobald eine urteilsunfähige Person für längere Zeit in einer Wohn- oder Pflegeeinrichtung betreut wird (Art. 382 ZGB). Nicht notwendig ist der Vertrag, wenn jemand – auch eine urteilsunfähige Person – vorübergehend in einer Wohneinrichtung lebt, zum Beispiel zur Probe, ferienhalber oder zur Erholung.

Wo liegt die Grenze? Ein Vertrag ist sicherlich notwendig, wenn jemand mehr als zwei bis drei Monate in einer Wohn- oder Pflegeeinrichtung verbringt oder sich im Durchschnitt mehr als 15 Nächte pro Kalendermonat dort aufhält.

Das gehört in den Betreuungsvertrag

Wer in einer Wohn- oder Pflegeeinrichtung lebt, bezieht viele Dienstleistungen:
- Nutzung von Wohnraum
- Pflegeleistungen
- zum Teil medizinische Leistungen
- individuelle Förderung in Bezug auf Beweglichkeit, Gedächtnis, Alltagsaufgaben wie Hygiene, Kochen
- begleitende, aktivierende, erlebnisfördernde Leistungen

Dementsprechend vielseitig ist der Betreuungsvertrag (siehe Kasten). Das Gesetz schreibt vor, dass die Wünsche der urteilsunfähigen Person so weit wie möglich berücksichtigt werden, wenn die Leistungen der Einrichtung festgelegt werden.

DIE WICHTIGSTEN PUNKTE IM BETREUUNGSVERTRAG
- Sachleistungen, also die Dienstleistungen, die man bezieht: Unterkunft (Zimmer oder Wohnung; Einrichtung, Regelung von Mietzinsdepot inkl. Verzinsung), Mahlzeiten, Besorgung der Wäsche, Pflegeleistungen, Betreuungsleistungen, Anlässe und Veranstaltungen sowie medizinisch-therapeutische Leistungen und Beschäftigungstherapien
- Kosten für die Sachleistungen: Wichtig ist, dass nicht ein Pauschalbetrag vereinbart wird, sondern die Kosten gemäss den Vorgaben der Pflegefinanzierung aufgeschlüsselt werden. Nur so wird transparent, wofür man wie viel bezahlt. Ebenfalls gehört die Höhe des Selbstbehalts ausgewiesen (siehe auch Seite 119).
- Bestimmungen, die die Persönlichkeitsrechte der urteilsunfähigen Person betreffen: Arztwahl, Besuchsregelungen, datenschutzrechtliche Bestimmungen, Hausordnung und wesentliche freiheitsbeschränkende Massnahmen (siehe Seite 123)
- Weitere Bestimmungen wie Vertragsbeginn, Möglichkeiten, den Vertrag zu ändern (zum Beispiel bei einem Umzug innerhalb des Heims), Auflösung des Vertrags (Kündigung, Tod)

Wichtig: Besondere Wünsche des Pensionärs, der Pensionärin sollten ausdrücklich schriftlich festgehalten sein.

INFO *Viele Verträge können mündlich geschlossen werden. Der Betreuungsvertrag aber muss laut Gesetz immer schriftlich abgeschlossen werden. Die Schriftform ermöglicht Transparenz punkto Dienstleistungen und Kosten und beugt dem Missbrauch vor.*

Wer kann den Betreuungsvertrag abschliessen?

FRITZ J. LEBT SEIT DREI JAHREN in einem Altersheim, mit dem er auch einen Vertrag abgeschlossen hat. Nun legt ihm die Heimleiterin einen Betreuungsvertrag zur Unterschrift vor. Herr J. ist unsicher. Er war der Meinung, einen solchen Vertrag müssten seine Angehörigen unterschreiben.

Solange jemand urteilsfähig ist, kann er oder sie den Betreuungsvertrag selber unterschreiben. Urteilsunfähige Personen hingegen können keine Verträge abschliessen. Das Gesetz regelt genau, wer zur Vertretung beim Abschluss, bei der Änderung und bei der Aufhebung eines Betreuungsvertrags berechtigt ist. Je nach Situation kommen unterschiedliche Personen infrage, das Gesetz regelt auch die Reihenfolge unter diesen. Es handelt sich um dieselbe Kaskadenordnung, wie wenn über medizinische Massnahmen entschieden werden muss (siehe Kasten).

Mit Ausnahme des Beistands ist niemand aus der Kaskade verpflichtet, den Betreuungsvertrag zu unterzeichnen. Man sollte sich denn auch gut überlegen, ob man wirklich genügend Kenntnisse hat, um den Vertrag abzuschliessen. Gerade die Finanzierung der Leistungen im Heim ist eine komplizierte Sache, und es können unter Umständen relativ rasch grössere finanzielle Schäden entstehen. Dafür würde die Person, die den Betreuungsvertrag unterzeichnet hat, grundsätzlich haften.

Angenommen, der urteilsunfähige Pensionär hat in einem Vorsorgevertrag eine Person als seine Vertreterin bezeichnet und diese ist bereit, den Vertrag mit dem Heim auszuhandeln. Wenn sie ihn dann ablehnt, darf das Heim nicht einfach mit der nächsten Person in der Kaskade weiterverhandeln – bis irgendwann der Vertrag unterschrieben ist. Wenn allerdings die Vertreterin den Vertrag aus Gründen verweigert, die nicht im Interesse des Urteilsunfähigen liegen, kann das Heim an die Behörde gelangen.

MARIA B., FAST 90 JAHRE ALT, ist urteilsunfähig. Sie kann nicht mehr zu Hause leben. Deshalb darf man davon ausgehen, dass es in ihrem Interesse ist, in ein Alters- und Pflegeheim im Dorf einzutreten. Frau B. hat keine Patientenverfügung und auch keinen Vorsorgeauftrag verfasst. Sie hat zwar eine Beiständin, die aber nur für die administrativen und finanziellen Angelegenheiten zuständig ist. Herr B. lebt schon im selben Heim und ist ebenfalls urteilsunfähig. Bis jetzt wurde Maria B. von einer Nichte betreut, die bei ihr im Haus gewohnt und je länger je mehr auch Pflegeaufgaben übernommen hat. Gemäss Kaskadenordnung wäre diese Nichte zuständig, den Betreuungsvertrag zu unterschreiben. Doch sie fühlt sich damit überfordert und verzichtet darauf. Der Nächste auf der Liste wäre der Sohn von Maria B., doch dieser lebt in den USA und hat kaum noch Kontakt zur Mutter. Aber eine jüngere Schwester wohnt in der unmittelbaren Nachbarschaft. Sie hat Maria B. jede Woche

---

KASKADENORDNUNG

Beim Abschluss des Betreuungsvertrags dürfen folgende Personen einen Urteilsunfähigen vertreten:

1) diejenige Person, die in einer Patientenverfügung oder in einem Vorsorgeauftrag als Vertreterin bezeichnet wurde,
2) der Beistand mit Vertretungsrecht in medizinischen Angelegenheiten
3) der Ehegatte oder die eingetragene Partnerin, wenn er oder sie im gemeinsamen Haushalt mit der urteilsunfähigen Person lebt oder ihr regelmässig und persönlich Beistand leistet
4) die Person, die mit der urteilsunfähigen Person im gemeinsamen Haushalt lebt und ihr regelmässig und persönlich Beistand leistet
5) die Nachkommen, wenn sie der urteilsunfähigen Person regelmässig und persönlich Beistand leisten
6) die Eltern, wenn sie der urteilsunfähigen Person regelmässig und persönlich Beistand leisten
7) die Geschwister, wenn sie der urteilsunfähigen Person regelmässig und persönlich Beistand leisten
8) eine von der Kindes- und Erwachsenenschutzbehörde eingesetzte Beiständin oder auch eine Drittperson mit dem Aufgabenbereich, einen Heimvertrag abzuschliessen

zweimal besucht und die beiden stehen sich sehr nahe. Die Schwester ist bereit, den Betreuungsvertrag zu unterzeichnen.

ROBERT C. MERKT, dass er wegen seiner zunehmenden Vergesslichkeit den Alltag zu Hause nicht mehr meistern kann. Er möchte in ein Wohn- oder Pflegeheim ziehen. Die Ärztin stellt fest, dass er für den Abschluss eines Betreuungsvertrags urteilsunfähig ist. Robert C. hat weder einen Vorsorgeauftrag noch eine Patientenverfügung geschrieben; einen Beistand hat er auch nicht. Verheiratet war er nie und hat seit 20 Jahren auch sonst keine Partnerin. Er hat aber zwei Söhne, mit denen er einen guten Kontakt pflegt. Diese sind bereit, den Betreuungsvertrag zu unterzeichnen.

Selber vorsorgen

Ist Ihnen der Gedanke unangenehm, dass einst eine Ihnen wenig vertraute Person einen Betreuungsvertrag für Sie unterschreiben könnte? Sie können selber bestimmen, wer dies darf, indem Sie einen Vorsorgeauftrag oder/und eine Patientenverfügung verfassen (siehe Seite 24 und 41). Im Vorsorgeauftrag können Sie explizit den Aufgabenbereich «Abschluss des Betreuungsvertrags» aufführen und bestimmen, wer dafür zuständig ist. Haben Sie eine Patientenverfügung und einen allgemein gehaltenen Vorsorgeauftrag verfasst, geht der Vorsorgeauftrag in Bezug auf den Betreuungsvertrag vor.

MAX V. SCHREIBT EINE PATIENTENVERFÜGUNG und setzt seinen Lebenspartner ein. Im Vorsorgeauftrag setzt er seine ehemalige Geschäftspartnerin ein, ohne speziellen Vermerk. Auf diese Weise wird die Geschäftspartnerin für den Abschluss des Betreuungsvertrags zuständig sein.

Überlegungen vor dem Vertragsabschluss

Der Betreuungsvertrag ist eine komplexe Angelegenheit. Es geht um Dienstleistungen, Kosten, Sozialversicherungsleistungen, Fragen der Vertragsauflösung. Zudem soll die Einrichtung ja möglichst gut für die betroffene Person passen. Haben Sie die Aufgabe übernommen, als Vertreter oder Vertreterin den Vertrag auszuhandeln, sollten Sie sich sorgfältig vorbereiten. Es geht vor allem um folgende Punkte:

- Vergewissern Sie sich, dass die betroffene Person tatsächlich urteilsunfähig ist (siehe Seite 114).
- Überlegen Sie sich, welche Institution wohl die bestmögliche ist: Für welches Heim würde sich die betroffene Person entscheiden, wenn sie noch selber entscheiden könnte? Weshalb gerade für dieses? Nicht vergessen darf man bei dieser Überlegung die finanzielle Situation und die sozialversicherungsrechtlichen Aspekte (siehe Seite 119).
- Lesen Sie die Heimordnung: Was würde der betroffenen Person besonders gefallen, was missfallen? Lassen sich die Einschränkungen begründen mit der Sicherheit und dem Schutz der Pensionärinnen und Pensionäre? Wenn nicht, lässt sich allenfalls eine Sonderregelung aushandeln? Wie weit im Einzelfall von der Heimordnung abgewichen werden kann, ist sehr unterschiedlich.
- Überprüfen Sie den Vertrag sorgfältig: Viele Institutionen legen einen vorformulierten Betreuungs- oder Pensionsvertrag vor. Gehen Sie diesen Punkt für Punkt durch. Welche Dienstleistungen werden angeboten? Benötigt die betroffene Person noch zusätzliche Leistungen, benötigt sie weniger? Werden die Kosten detailliert aufgeführt? Es ist ratsam, die Kosten (wie auch die Frage der freien Arztwahl) von einer Fachperson aus dem Bereich Sozialversicherungen prüfen zu lassen. Denn in der Regel geht es um hohe monatliche Beträge. Wenden Sie sich an eine Fachperson, die in dem Kanton tätig ist, in dem die Institution sich befindet.

TIPP *Auch wenn jemand als urteilsunfähig gilt, kann er oder sie sich oft noch äussern und Wünsche formulieren. Besprechen Sie also den Betreuungsvertrag mit der betroffenen Person. Auch Gespräche mit Freunden und Angehörigen können hilfreich sein, gerade in Situationen, in denen man nicht sicher ist, was wohl der Wille der betroffenen Person wäre.*

Die Hausordnung ist nicht immer verbindlich

In aller Regel gibt man mit der Unterschrift unter den Betreuungsvertrag auch die Zustimmung zur Hausordnung. Darin finden sich viele Bestimmungen, die das Gemeinschaftsleben regeln – von Essenszeiten bis hin zur Frage, ob Hausierer ins Haus dürfen. Andere Bestimmungen fliessen aus dem Heimkonzept: Ein streng religiöses Heim kennt etwa das Verbot von Sterbehilfemassnahmen, ein anderes verbietet Alkoholkonsum oder erlaubt keinen Fernseher. Solche Bestimmungen sind besonders genau zu prüfen, gerade weil die Einrichtung die Wünsche und Bedürfnisse der Pensionäre berücksichtigen soll – nicht umgekehrt.

INFO *Das Heim hat die Pflicht, ungewöhnliche Regelungen, mit denen ein Vertragspartner überhaupt nicht rechnen muss, besonders hervorzuheben. Sonst werden diese nicht Bestandteil des Vertrags (Ungewöhnlichkeitsregel).*

Überprüfen Sie also nicht nur den Betreuungsvertrag, sondern auch die Hausordnung. Klar ist, dass allgemeine Regeln für den Umgang in einer Gemeinschaft notwendig sind, ebenso – zum Beispiel in einer Dementenabteilung – Sicherheits- und Schutzvorrichtungen. Wenn aber zusätzliche ideologische Aspekte hinzukommen, sollten Sie genau prüfen, ob dies dem mutmasslichen Willen der urteilsunfähigen Person entspricht.

Oft umstritten: Besuchsregeln
Institutionen haben in der Regel Besuchszeiten, die von den Betroffenen mitunter als einschränkend empfunden werden. Dahinter stehen verschiedene Überlegungen: Zum einen geht es – wie überall, wo viele Menschen zusammenwohnen – um die Interessen der Mitbewohner, etwa bei Nachtruhezeiten. Möglich ist auch, dass eine eingeschränkte Besuchsregelung zum Beispiel der Gesundung einer erkrankten Person dient, also in ihrem Interesse ist. Geht es allerdings ausschliesslich um organisatorische Vereinfachungen für das Heim, sind eingeschränkte Besuchszeiten nicht gerechtfertigt. Prüfen Sie, ob sich diese im Betreuungsvertrag anpassen lassen. Gerade in öffentlich-rechtlichen Heimen ist dies aber oft schwierig, weil die Regelungen in einem Reglement festgehalten sind, das das Heim unter Umständen nicht selber abändern kann.

Besuchsverbot?
Frage: «Ich habe 15 Jahre mit meinem Partner zusammengelebt, bevor er in ein Pflegeheim musste. Seine Tochter, die immer gegen unsere Beziehung war, hat mir nun ein Besuchsverbot erteilt. Mein Partner kann

sich dazu nicht mehr äussern. Das Heim sagt, sie müssten sich an den Entscheid der Tochter halten. Was kann ich tun?»

Antwort: Wenn Ihr Partner nicht in einer Patientenverfügung festgehalten hat, von wem er im Fall seiner Urteilsunfähigkeit keinen Besuch wünscht,

---

PFLEGEFINANZIERUNG: DIE AUFTEILUNG DER KOSTEN

Ein Heimaufenthalt ist teuer und die Finanzierung gleicht einem Puzzle. Hilflosenentschädigung von IV und AHV, Ergänzungsleistungen, die Zahlungen der Krankenkasse und auch eigene Mittel müssen zusammengefügt werden. Hier die gesamtschweizerische Regelung (verschiedene Kantone haben sie ergänzt oder konkretisiert):

- **Hilflosenentschädigung:** Der Anspruch auf die Hilflosenentschädigung steht nur der betreuten Person zu. Das Heim darf sie nicht in Rechnung stellen oder verrechnen. Ausnahme: wenn in der Tagestaxe des Heims die Kosten für die Pflege bereits eingerechnet sind.
- **Ergänzungsleistungen:** Die Ergänzungsleistungen decken – wenn die eigenen Mittel nicht ausreichen – die Tagestaxe des Heims sowie einen vom Kanton bestimmten Betrag für persönliche Auslagen. Die Kantone können unter Umständen die Kosten begrenzen, die in einem Heim oder Spital berücksichtigt werden dürfen.
- **Zahlung der Krankenkasse:** Die Krankenkasse übernimmt die Kosten für Leistungen, die aufgrund einer ärztlichen Anordnung oder eines ausgewiesenen Pflegebedarfs im Pflegeheim erbracht werden. Die Versicherten müssen einen Selbstbehalt von 20 Prozent übernehmen; dieser ist begrenzt auf maximal 20 Prozent des höchsten Pflegebetrags (Fr. 21.60 pro Tag, Stand 2016). Fallen höhere Kosten an, muss die Wohngemeinde diese übernehmen. Im Betreuungsvertrag sollte festgehalten sein, nach welchem System die Pflegeleistungen verrechnet werden (zum Beispiel BESA), was die Krankenkasse übernimmt und wie hoch der Selbstbehalt ausfällt.
- **Kosten für persönliche Auslagen:** Diese zahlen die Pensionäre und Pensionärinnen selber. Im Betreuungsvertrag muss festgehalten sein, was unter die privaten Auslagen fällt: etwa Fahrdienste, Zahnarzt, Coiffeur, Mahlzeitendienst.

In der monatlichen Heimrechnung sollten die Kosten für Unterkunft, Verpflegung und Betreuung separat ausgewiesen werden. Zudem muss daraus ersichtlich sein, wer welchen Beitrag an die Leistungen zahlt.

ist auf seinen mutmasslichen Willen abzustützen. Dem Personal im Heim können Sie sagen, dass das Besuchsverbot null und nichtig ist. Die Tochter darf Sie nicht wie eine fremde Person behandeln. Da Sie mit Ihrem Partner jahrelang einen gemeinsamen Haushalt geführt und ihm regelmässig Beistand geleistet haben, sind nämlich Sie seine vertretungsberechtigte Person und nicht die Tochter. Das regelt Artikel 378 ZGB. Teilen Sie dies der Tochter und dem Heim mit.

Weitere Regeln zum Schutz von Urteilsunfähigen im Heim

Der Betreuungsvertrag bildet die rechtliche Grundlage für die Rechte und Pflichten von Heim und Bewohnerin. Daneben sieht das Gesetz in Artikel 386 ZGB noch weitere Schutzpflichten von Wohn- oder Pflegeeinrichtungen vor, wenn eine Heimbewohnerin urteilsunfähig ist oder es wird.

Freie Arztwahl

Früher war in vielen Einrichtungen das Recht auf die freie Arztwahl stark eingeschränkt. Wer eintrat, musste sich vom Heimarzt behandeln lassen. Mit der heutigen freien Arztwahl haben die Bewohnerinnen und Bewohner die Möglichkeit, ihre bisherige (Haus-)Ärztin zu behalten. Das ist für viele sehr wichtig, weil sie über die Jahre hinweg ein Vertrauensverhältnis zu ihrer Ärztin aufgebaut haben.

Ausnahmen von der freien Arztwahl sind nur aus wichtigen Gründen möglich – zum Beispiel bei grosser geografischer Distanz von Arzt und Einrichtung oder bei finanziellen Schwierigkeiten. Effizienz im Heim gilt nicht als wichtiger Grund. Wenn die Einrichtung einen hauseigenen Arztdienst hat, sollte im Rahmen des Betreuungsvertrags geklärt werden, wann der hausinterne Arzt und wann die Hausärztin beizuziehen ist. Dabei ist auf den mutmasslichen Willen der Betroffenen abzustellen.

SCHON IHR GANZES LEBEN LANG ist Sandra O. wegen einer Nebenniereninsuffizienz in ärztlicher Behandlung. Für die Einstellung der Medikamente braucht es Wissen über die bisherige Vorgehensweise sowie über ihre körperliche und psychische Situation. Der Endokrinologe Dr. M. begleitet Frau O. seit 25 Jahren und kennt ihre

Krankheitsgeschichte bestens. Sie hat zu ihm Vertrauen gefasst. Als Sandra O. urteilsunfähig wird und ins Pflegeheim muss, schliesst ihr Mann den Betreuungsvertrag für sie ab. Er hält darin fest, dass Dr. M. weiterhin der Endokrinologe seiner Frau bleibt, denn er ist sicher, dass dies ganz in ihrem Sinn ist.

TIMO F. HAT NACH EINEM AUTOUNFALL eine schwere Hirnverletzung. Er ist urteilsunfähig. Zuvor war er etwa alle fünf Jahre einmal beim Hausarzt. Er hat sich immer gesund gefühlt und wollte wenn immer möglich nicht zum Arzt. Wurde es dann doch nötig, war Timo F. mit der ärztlichen Leistung meist nicht zufrieden. Nun muss er in einer spezialisierten Einrichtung untergebracht werden. Seine Vertretung entschliesst sich, die dort vorhandenen ärztlichen Dienste in Anspruch zu nehmen.

Kontakte fördern

Es gehört zu den Aufgaben der Einrichtung, so weit wie möglich die Kontakte der urteilsunfähigen Pensionäre zu Menschen ausserhalb der Einrichtung zu fördern – zu Angehörigen, Freundinnen, früheren Schachkollegen. So soll Einsamkeit und Isolation verringert und körperliches oder psychisches Leiden gelindert werden.

Die Einrichtungen sind also verpflichtet, aktiv zu werden und insbesondere bestehende Kontakte aufrechtzuerhalten. Sie müssen innerhalb der Institution Räume zur Verfügung stellen, wo man sich in Ruhe unterhalten, allenfalls auch ein vertrauliches Gespräch führen kann. Neben dem persönlichen Kontakt gehören auch Briefe und – soweit die Betroffenen noch dazu fähig sind – E-Mail und Telefon dazu.

Solche Aussenkontakte sind noch aus einem anderen Grund wichtig: Sie verhindern, dass eine Einrichtung als abgeschottetes Gebilde funktioniert. Und sie wirken der Gefahr entgegen, dass urteilsunfähige Personen Opfer irgendeiner Form von Gewalt werden, die unentdeckt bleibt.

Einsam im Heim

Frage: «Im Pflegeheim meiner Tante wohnt ein alter Mann, der keine Angehörigen hat und nie Besuch erhält. Kann man da nicht etwas machen?»

Antwort: Eigentlich müsste auch für diesen Mann eine Person vorhanden sein, die zu seiner Vertretung in medizinischen Fragen berechtigt ist. Zu ihren Aufgaben gehört es auch, einen minimalen Kontakt zu ihm zu pfle-

> **AKTENEINSICHT UND DATENSCHUTZ**
>
> In Bezug auf den Datenschutz ist geregelt, wer Einsicht in die Akten einer Heimbewohnerin hat. Soweit sie urteilsfähig ist, bestimmt sie darüber selber. Wenn sie urteilsunfähig ist, hat der gesetzliche Vertreter, die gesetzliche Vertreterin ein Einsichtsrecht. Wer das ist, bestimmt die Kaskadenordnung (siehe Seite 47). ∎

gen. Tut sie dies nicht, muss das Heim die Kesb informieren. Diese wird schauen, was sich machen lässt. Wenn nötig wird sie dem Mann einen Beistand bestellen, der dann regelmässig Kontakt zu ihm hat.

Aufsicht über Wohn- oder Pflegeeinrichtungen

Urteilsunfähige in Wohn- oder Pflegeeinrichtungen sind verletzliche Personen. Sie sind im Vergleich zu urteilsfähigen Menschen viel mehr der Gefahr von Übergriffen ausgesetzt. Daraus ergibt sich ein besonderes Schutzbedürfnis. Deshalb sieht das Gesetz eine Aufsicht über die Wohn- oder Pflegeeinrichtungen vor, um den Schutz der Betroffenen sicherzustellen und Probleme zu vermeiden (Art. 387 ZGB). Für diese Aufsicht sind in aller Regel die Kantone zuständig. Die kantonalen Aufsichten sind unterschiedlich organisiert, die Kantone können frei bestimmen, wie sie sie ausgestalten, zum Beispiel wie häufig die Einrichtungen kontrolliert werden und welche Sanktionen bei Regelverstössen möglich sind.

Die Aufsicht soll nicht nur Missstände aufdecken, sondern auch dazu dienen, dass positive Methoden der Betreuung gefördert werden. Im Rahmen der Aufsicht sind Weisungen an die Einrichtungen möglich, aber auch unangemeldete Besuche und Inspektionen. Wird die Aufsicht nicht tätig, kann sie für Schäden haftbar gemacht werden.

Missstände melden

Wenn der Verdacht besteht, dass in einer Einrichtung Missstände herrschen, dass es gar zu körperlichen Übergriffen kommt, sollten Sie die Aufsicht informieren. Die Aufsicht ist auch Ihre Anlaufstelle bei Mängeln des Betreuungsvertrags, etwa wenn eine Einrichtung auf einem Pauschalbetrag beharrt, statt die Kosten gemäss den Vorgaben der Pflegefinanzierung aufzuschlüsseln. Oder wenn die Heimrechnung nicht nachvollziehbar ist und die Bewohner mit einem Selbstbehalt von mehr als Fr. 21.60 pro Tag belastet werden (siehe Kasten zur Pflegefinanzierung auf Seite 119).

Zwangsmassnahmen im Heim

Wie bei einer fürsorgerischen Unterbringung (siehe Seite 96), kann auch bei einem Aufenthalt in einer Wohn- oder Pflegeeinrichtung physischer Zwang notwendig werden. Wann sind solche bewegungseinschränkenden Massnahmen rechtens?

Zum Schutz von urteilsunfähigen Personen ist es manchmal notwendig, sie in ihrer Bewegungsfreiheit einzuschränken, zum Beispiel wenn jemand verwirrt ist, sich nicht mehr örtlich orientieren kann und sich dadurch stark selbst gefährdet. Im Gesetz findet sich deshalb eine Grundlage, die es der Einrichtung in bestimmten Situationen erlaubt, die Bewegungsfreiheit einzuschränken (Art. 383 bis 385 ZGB). Oft lässt sich dadurch eine fürsorgerische Unterbringung vermeiden.

Wenn die Bewegungsfreiheit eingeschränkt wird

Zu den bewegungseinschränkenden Massnahmen gehören alle Sicherungsvorkehren: Abschliessen von Türen, Anbringen von Bettgittern und weiteren Schranken, Angurten zur Verhinderung von Stürzen, aber auch Betreuungshandlungen wie Waschen, Baden, Haareschneiden unter Zwang. Auch mit Codes gesicherte Türen und Fenster oder Fussfesseln sind bewegungseinschränkende Massnahmen – im Einzelfall auch ein Ausgehverbot oder ein Verbot, den Raum zu verlassen. Sitzwachen, elektronische Melder,

Überwachungskameras und andere Massnahmen, die nicht direkt die Bewegungsfreiheit einschränken, zählen nicht dazu.

Konsumationsverbote, Rauchverbote, Einschränkung der Besuche
Solche Massnahmen schränken zwar nicht die Bewegungsfreiheit ein, trotzdem sind sie ein Eingriff in die Freiheit der betroffenen Person. Diese freiheitsbeschränkenden Massnahmen bei Urteilsunfähigen benötigen, damit sie zulässig sind, eine besondere Rechtfertigung:
- die Einwilligung der betroffenen Person – dies scheitert in aller Regel daran, dass diese urteilsunfähig ist.
- Notsituation: Freiheitsbeschränkende Massnahmen können ergriffen werden, um Leib und Leben zu retten.
- überwiegende Schutzinteressen der betroffenen Person, die die freiheitsbeschränkenden Massnahmen notwendig machen. Beispiel: die Beschränkung des Alkoholkonsums aufgrund einer Krankheit

Als Sanktion für ein Fehlverhalten dürfen freiheitsbeschränkende Massnahmen nicht eingesetzt werden. Wer sich in der Einrichtung nicht an Abmachungen hält und die Regeln dauernd nicht einhält, darf zum Beispiel nicht mit einem mehrwöchigen Ausgehverbot bestraft werden.

Bewegungseinschränkende Massnahme oder fürsorgerische Unterbringung?
Frage: «Mein Bruder leidet an Schizophrenie. Das Heim, in dem er lebt, lässt ihn manchmal tagelang, bis zu einer Woche, an Händen, Füssen und am Becken im Bett fixieren. Dürfen sie das?»
Antwort: Nein. Diese Form der Fixierung (sogenannter Fünf-Punkte-Gurt) gehört zu den stärksten Eingriffen. Eine so starke Fixierung über längere Zeit gilt nicht mehr als bewegungseinschränkende Massnahme. Deshalb kann sie das Pflegeheim nicht einfach so veranlassen. Es braucht dazu eine fürsorgerische Unterbringung durch die Kesb oder einen vom Kanton dafür ermächtigten Arzt (siehe Seite 81).

Wann ist eine bewegungseinschränkende Massnahme zulässig?

Eine bewegungseinschränkende Massnahme für Urteilsunfähige darf nur angeordnet werden, wenn eine der beiden folgenden Konstellationen zutrifft:
- Es droht eine ernsthafte Gefahr, die verhindert werden muss.
- Das Gemeinschaftsleben wird schwer beeinträchtigt. Dabei reicht nicht jede Störung des Gemeinschaftslebens, etwa dass jemand mehrfach gegen die Hausordnung verstossen hat. Unzulässig sind zudem Einschränkungen der Bewegungsfreiheit aus Kostengründen. Erforderlich ist vielmehr eine massive Störung, die sich in unerträglicher Weise auf die ganze Einrichtung auswirkt.

Eine bewegungseinschränkende Massnahme muss verhältnismässig sein, sie muss in einem angemessenen Verhältnis zur Gefährdungssituation stehen: Eine Sicherheitsdecke (Zewi-Decke) ist grundsätzlich angemessen, um zu verhindern, dass ein Patient aus dem Bett fällt und sich verletzt; Gleiches dürfte für ein Bettgitter gelten. Nicht angemessen wäre aber ein Fünf-Punkte-Gurt, der den Patienten an Händen, Füssen und am Becken fixiert.

FRIEDA R. LEBT IN EINEM ALTERS- UND PFLEGEHEIM. Sie ist an Alzheimer erkrankt und leidet zudem zeitweise an Wahnvorstellungen. Dann ist sie aggressiv, geht in alle Zimmer und zerstört wahllos Dinge, oft sehr persönliche wie Andenken, Fotorahmen von Angehörigen, Schallplatten, Radios, Schmuck. Deshalb wird sie in solchen Phasen in ihrem Zimmer eingeschlossen, weil sie sonst das Gemeinschaftsleben schwerwiegend stören würde.

Bewegungseinschränkende Massnahmen für Urteilsfähige?
Frage: «Mein Sohn ist leicht geistig behindert, aber durchaus urteilsfähig und lebt in einem Heim. Wenn er nachts nicht schlafen kann, geht er oft in den Gängen auf und ab. Die Nachtwache will ihn deswegen im Zimmer einschliessen. Darf sie das?»
Antwort: Das neue Gesetz regelt ausschliesslich bewegungseinschränkende Massnahmen gegenüber Urteilsunfähigen. Gegenüber Urteilsfähigen sind Massnahmen möglich, aber nur, wenn die betroffene Person einwilligt,

wenn eine gesetzliche Grundlage besteht (zum Beispiel diejenige der fürsorgerischen Unterbringung) oder wenn eine Notsituation besteht und der Eingriff verhältnismässig ist. Die Nachtwache darf also Ihren Sohn nicht einschliessen; die Voraussetzungen für eine fürsorgerische Unterbringung sind beim ihm sicher nicht erfüllt.

Wer darf bewegungseinschränkende Massnahmen anordnen?
Frage: «Als ich meine betagte Tante besuchte, wurde ich Zeuge, wie eine Hilfsschwester einen verwirrten Mann am Stuhl festband. Darf sie das?»
Antwort: Das Gesetz schweigt sich dazu aus, wer bewegungseinschränkende Massnahmen anordnen kann. Es spricht von der «Wohn- oder Pflegeeinrichtung». Die Kantone haben teilweise konkretisiert, wer in solchen Situationen entscheiden darf. Meist ist es das Kader, die Leitung im Pflegebereich oder die Ärzteschaft. Wenn das kantonale Recht keine Regelung enthält, wie etwa im Kanton Bern, müssen die Wohn- oder Pflegeeinrichtungen in einem internen Reglement festhalten, wer in solchen Situationen entscheiden darf. Weil es sich bei diesen Massnahmen immer um einen schwerwiegenden Eingriff handelt, dürfen nur ausgewiesene Fachpersonen darüber entscheiden. Eine Hilfsschwester gehört nicht dazu.

> **INFO** *Es kann hilfreich sein, die wesentlichen und besonders die starken bewegungs- und freiheitsbeschränkenden Massnahmen im Betreuungsvertrag aufzuführen. Die Unterschrift unter einen solchen Vertrag bedeutet aber nicht eine generelle Einwilligung in solche Massnahmen. Es ist trotzdem in jedem einzelnen Fall zu prüfen, ob die Voraussetzungen erfüllt sind.*

Ängste abbauen: das Gespräch mit der betroffenen Person

Bevor die Bewegungsfreiheit eingeschränkt wird, muss der betroffen Person erklärt werden,
- was geschieht,
- warum die Massnahme angeordnet wurde,
- wie lange sie voraussichtlich dauert und
- wer sich während dieser Zeit um die Person kümmert.

Diese Informations- und Aufklärungspflicht besteht immer – es sei denn, es handelt sich um eine Notsituation. Ziel ist, die betroffene Person möglichst gut ins Geschehen einzubeziehen – auch wenn sie urteilsunfähig ist. Urteilsunfähigkeit bedeutet ja nicht, dass man überhaupt nicht versteht, was zum eigenen Schutz geschehen soll. Zudem sollen Ängste und Stress bei der betroffenen Person abgebaut werden, damit sie nicht durch ein abruptes Vorgehen unnötig traumatisiert wird. Muss in einer Notsituation rasch gehandelt werden, soll die Information so schnell wie möglich nachgeholt werden.

INFO *Eine bewegungseinschränkende Massnahme muss regelmässig auf ihre Notwendigkeit überprüft werden. Sie ist so bald wie möglich wieder aufzuheben.*

Es braucht ein Protokoll

Über jede bewegungseinschränkende Massnahme muss ein Protokoll geführt werden (Art. 384 ZGB). Dieses muss neben dem Namen des Betroffenen auch denjenigen der anordnenden Person enthalten, dazu den Zweck, die Art und die Dauer der Massnahme. Das Protokoll ist Teil des Patientendossiers, in das der Betroffene sowie seine vertretungsberechtigte Person jederzeit Einsicht nehmen kann.

Weiter hat die Einrichtung die zur Vertretung bei medizinischen Massnahmen berechtigte Person über die bewegungseinschränkende Massnahme zu informieren; diese kann auch das Protokoll jederzeit einsehen. Einsichtsrecht haben zudem die Aufsichtsinstanzen.

Was gehört ins Protokoll?
Frage: «Ich bin die vertretungsberechtigte Person meines dementen Onkels. Die Nachtwache befestigt jeweils ein Bettgitter, damit er nicht aus dem Bett stürzt. Als ich einmal das Protokoll einsehen wollte, stand da nichts. Müsste das dort nicht vermerkt sein?»
Antwort: Eine wiederkehrende Massnahme muss stets von Neuem überprüft und protokolliert werden, und auch Sie als vertretungsberechtigte Person sind zu informieren – wobei eine einmalige Information ausreicht. Ihrem Onkel aber muss die Bewegungseinschränkung jeden Abend neu erklärt

werden, unter anderem weil er sich wohl nicht mehr erinnern kann, was am letzten Tag geschehen ist. Besprechen Sie doch mit dem Personal, ob nicht anstelle eines Bettgitters ein sehr niedriges Bett zur Verfügung steht.

Sich wehren: gewusst wie

Die betroffene Person kann jederzeit die Kesb am Ort der Einrichtung – also nicht am eigenen Wohnsitz – benachrichtigen, wenn sie eine bewegungseinschränkende Massnahme fragwürdig findet (Art. 385 ZGB). Urteilsunfähige allerdings dürften die Behörde kaum selbständig einschalten können. Deshalb steht dieses Recht auch Nahestehenden zu, etwa der zur Vertretung berechtigten Person sowie weiteren Personen, die mit dem Betroffenen regelmässig Kontakt haben.

Die Benachrichtigung der Behörde müssen Sie schriftlich verfassen. Die Eingabe braucht aber nicht näher begründet zu sein. Sie muss lediglich zum Ausdruck bringen, dass die nahestehende Person oder der Betroffene mit einer bestimmten Massnahme nicht einverstanden ist (eine Vorlage finden Sie im Anhang). Es ist also auch vorstellbar, dass jemand seinen Protest trotz Urteilsunfähigkeit auf einem Zettel notiert, zum Beispiel «kein Bettgitter mehr». Eine solche Notiz muss das Heim sofort an die Kesb weiterleiten. Für die Benachrichtigung der Behörde ist keine Frist vorgesehen. Sie ist jederzeit möglich.

Die Kesb prüft nach einer solchen Benachrichtigung, ob die Massnahme den gesetzlichen Vorgaben entspricht, ob die Voraussetzungen für bewegungseinschränkende Massnahmen erfüllt sind. Wenn dem nicht so ist, hebt sie den Entscheid der Einrichtung auf oder ändert ihn ab.

MURAT L. IST GEISTIG BEHINDERT und lebt in einem spezialisierten Heim. Jeweils während der Teamsitzungen werden alle Bewohnerinnen und Bewohner an einem Stuhl fixiert, damit das gesamte Team an der Sitzung teilnehmen kann. Murat L.s Bruder schaltet die Behörde ein. Diese hebt den Entscheid des Heims auf: Bewegungseinschränkungen haben nicht zum Ziel, Personalengpässe zu überbrücken, sondern dienen einzig der Abwendung einer Gefahr oder der Beseitigung einer schweren Störung des Gemeinschaftslebens. Zudem informiert die Kesb die Aufsichtsbehörde.

5 ■ ■ ■ SCHUTZ IN HEIMEN

6

Von Behörden und Verfahren

Die Kesb gibt sich ihre Aufgaben nicht selbst. Sie ist eine staatliche Einrichtung, die ihren Auftrag aus den Gesetzen erhält: aus dem Bundesrecht und dem kantonalen Recht. In diesem Kapitel erfahren Sie, wofür die Behörde zuständig ist und worauf Sie beim Kontakt mit ihr achten sollten.

Zentral: die Kindes- und Erwachsenenschutzbehörde (Kesb)

Die rund 1400 früheren Vormundschaftsbehörden gibt es nicht mehr. Während diese in der Westschweiz oft Gerichte waren, amteten in Deutschschweizer Behörden hauptsächlich Laien, die politisch gewählt waren und keine fachlichen Vorgaben erfüllen mussten. Mit der Einführung des Erwachsenenschutzgesetzes sind an ihre Stelle rund 150 Fachbehörden getreten. Ihre Arbeit wird in den Artikeln 440 bis 456 ZGB geregelt.

Dieselbe Behörde, die für den Erwachsenenschutz zuständig ist, kümmert sich auch um den Schutz für Kinder. Mittlerweile ist diese Behörde weitherum bekannt unter ihrem Kürzel Kesb. Die Kindes- und Erwachsenenschutzbehörde muss interdisziplinär zusammengesetzt sein – das ergibt sich aus dem französischen Wortlaut des Gesetzes: «L'autorité de protection de l'adulte est une autorité interdisciplinaire.» Fachleute der Rechtswissenschaft, der Sozialen Arbeit, Psychologie, Medizin oder des Treuhandwesens erledigen heute die Arbeit, die früher Laien zugemutet wurde.

> «Als ob es ohne Behörden gehen könne! Da möchte ja jeder über andere herfallen!» Leo Tolstoi, in «Krieg und Frieden»

Kantonal organisiert

Es steht den Kantonen frei, die Kindes- und Erwachsenenschutzbehörde auf Gemeinde-, Bezirks-, Kreis- oder Regionsebene zu organisieren. Die Kesb sind in den meisten Deutschschweizer Kantonen (inklusive Wallis) als Verwaltungsbehörden organisiert, in der Westschweiz (ausser dem Jura), im Aargau und im Schaffhausischen hingegen als Gerichtsorganisationen. Eine Behörde ist idealerweise für ein Einzugsgebiet mit 50 000 bis 100 000 Einwohnern zuständig – das heisst, dass eine Behörde für mehrere Gemeinden zuständig sein kann. Welche Kesb für Ihre Gemeinde verantwortlich ist, erfahren Sie auf der Gemeindeverwaltung.

Einen Sonderzug fährt der Kanton Bern für Burger: Dort wurde nebst den regionalen Behörden eine burgerliche Kindes- und Erwachsenenschutzbehörde geschaffen. Sie ist für die Angehörigen von sechs Burgergemeinden und dreizehn Zünften im Kantonsgebiet zuständig.

TIPP *Auf der Website der Konferenz der Kantone für Kindes- und Erwachsenenschutz, kurz KOKES, finden Sie die Adressen aller Behörden (www.kokes.ch → Organisation → Organisation Kantone). Besonders praktisch ist die Suchfunktion nach Gemeinden.*

Die Aufgaben der Kesb

Der Schutz für hilfsbedürftige Personen und die Sicherstellung einer adäquaten Unterstützung und Betreuung sind die zentralen Aufgaben einer Kesb. Wenn die Behörde Kenntnis von einer schutzbedürftigen Person erhält, muss sie die Situation einschätzen und Abklärungen treffen. Zuerst muss sie jedoch abklären, ob sie überhaupt zuständig ist. Möglich ist nämlich, dass die Behörde eines anderen Ortes verantwortlich ist. Sollte dies zutreffen, nimmt die erste Behörde Kontakt zu dieser zweiten auf.

Die zuständige Behörde fällt nach Abschluss der Abklärung einen Entscheid: Absehen von einer Massnahme oder Anordnen einer Massnahme. Die Behörde sagt also, welche Massnahmen des Erwachsenenschutzes ergriffen werden sollen, und umschreibt die Aufgabe der Beistände. Darüber hinaus hat sie verschiedene Aufsichts- und Kontrollfunktionen und muss vielen Vorhaben eines Beistands die Zustimmung erteilen.

Die Behörde muss auch einschreiten, zum Beispiel wenn einer Patientenverfügung nicht entsprochen wird, wenn die Voraussetzungen für eine Vertretung durch den Ehemann, die eingetragene Partnerin nicht erfüllt sind oder wenn das Wohl von Bewohnern und Bewohnerinnen in Pflegeeinrichtungen nicht gewährleistet ist. Weiter hat sie zu prüfen, ob ein Vorsorgeauftrag gültig errichtet worden ist und wann er seine Wirksamkeit entfalten kann. Zudem ist die Behörde bei fürsorgerischen Unterbringungen und bei bewegungseinschränkenden Massnahmen involviert.

In ihrer Funktion als Kindesschutzbehörde fällt die Kesb unter anderem Entscheide über die elterliche Sorge und genehmigt Verträge über die Unterhaltspflicht für Kinder.

Beistand und Behörde ist nicht dasselbe

Bis Ende 2012, als das Vormundschaftsrecht vom Erwachsenenschutzrecht abgelöst wurde, taten sich verschiedene Medien schwer mit der Unterscheidung von Vormunden und Vormundschaftsbehörden und brachten die Begriffe durcheinander. So ist es nicht erstaunlich, dass auch der Bevölkerung der Unterschied nicht immer klar war. Es ist zu befürchten, dass sich dies auch in Zukunft nicht ändern wird.

Tatsache ist, dass Behörden und Amtsträger (also Beistände) unterschiedliche Aufgaben erfüllen und auch nicht immer den gleichen Blickwinkel einnehmen. In der Praxis kommt es oft vor, dass Beistände eine andere Sicht der Dinge haben als die Mitglieder der Kesb. Das ist richtig so. Wer Beistände und Behördenmitglieder in einen Topf wirft, ihnen gar «Sauhäfeli, Sauteckeli» vorwirft, liegt meist falsch.

- Wird eine Beistandschaft errichtet, umschreibt die **Kindes- und Erwachsenenschutzbehörde**, was die Beiständin zu tun hat. Sie ist somit Auftraggeberin der Massnahme. Sobald eine Massnahme errichtet ist, zieht sich die Behörde zurück. Bei der Umsetzung steht die Beiständin im Vordergrund.
- **Beistände** sind nicht Mitglied der Behörde und arbeiten in aller Regel auch nicht in deren Räumlichkeiten. Sie arbeiten meist auf einem Sozialdienst oder auf Berufsbeistandschaften. Daneben gibt es Privatbeistände, die ihre Aufgaben von zu Hause aus erledigen. Beistände geben sich ihre Aufträge nicht selbst und setzen sich auch nicht selbst in ihr Amt ein. Sie müssen sich in der Mandatsführung auf die Aufgaben beschränken, die ihnen von der Behörde erteilt wurden, sind also Auftragnehmer der Behörde. In der Regel sind sie die direkten Ansprechpersonen der Verbeiständeten, denn das Gesetz verpflichtet sie, zu den betreuten Personen ein Vertrauensverhältnis aufzubauen und mit ihnen in direktem Kontakt zu stehen.

DIE KESB BESCHLIESST, für Melanie A. eine Mitwirkungsbeistandschaft einzurichten für den Verkauf oder die Belastung von Grundstücken sowie den Abschluss von Abzahlungs- und Leasingverträgen. Diese Massnahme gibt dem Beistand die Kompetenz, den fraglichen Geschäften die Zustimmung zu erteilen oder zu verweigern. Er hat sich auf diese Aufgabe zu beschränken. Er darf für Frau A. keine

Verträge abschliessen oder sie sonst vertreten. Er hat sich auch nicht um ihre sonstige Vermögensverwaltung zu kümmern.

Aufsicht über die Kindes- und Erwachsenenschutzbehörden

Die Kesb unterstehen einer Aufsichtsbehörde. Wer diese Aufsicht übernimmt, ist von Kanton zu Kanton unterschiedlich geregelt. Der Bundesrat könnte laut Gesetz Bestimmungen über die Aufsicht erlassen, hat aber bislang von dieser Möglichkeit noch keinen Gebrauch gemacht.

Die Aufgaben der Aufsichtsbehörden konzentrieren sich auf die administrative Aufsicht und auf die Qualitätssicherung und -entwicklung im Kindes- und Erwachsenenschutz. Dass es eine Aufsichtsbehörde gibt, ist für Betroffene nur in einem Fall wichtig: Aufsichtsbeschwerden gegen die Kindes- und Erwachsenenschutzbehörde sind an die Aufsichtsbehörde zu richten. Entscheide der Kesb können nur an ein Gericht weitergezogen werden.

Gefährdungsmeldung: die Behörde auf einen Fall aufmerksam machen

Privatpersonen können mit einer Meldung an die Kesb gelangen, wenn sie den Eindruck haben, jemand brauche Unterstützung, weil freiwillige Hilfeleistungen nicht genügten. Es gibt verschiedene Gründe dafür, dass erwachsene Menschen hilfsbedürftig erscheinen: Demenz zum Beispiel, aber auch eine psychische Krankheit oder Verwahrlosung.

Solche Meldungen werden Gefährdungsmeldung genannt. Sie können schriftlich, mündlich oder auch anonym bei der zuständigen Behörde gemacht werden. Eine Meldung sollte folgende Punkte enthalten (eine Vorlage finden Sie im Anhang):
- Schilderung der Hilfsbedürftigkeit und der Gefährdung
- eventuell eigener Name, Funktion, Adresse und Beziehung zur betroffenen Person
- Personalien und Adresse (oder aktueller Aufenthaltsort) der betroffenen Person

- sachliche Beschreibung der Ereignisse und Beobachtungen
- Adresse von Auskunftspersonen oder Stellen, die informiert und/oder in die Situation involviert sind
- Angaben über bisherige Bemühungen, die Situation der Person zu verbessern
- Mitteilung, ob die betroffene Person über die Meldung informiert ist oder nicht
- eventuell Angaben darüber, weshalb die Meldung anonym gemacht wurde

HILDEGARD T. IST HOCHBETAGT. Sie kann nicht mehr unterscheiden, was wichtig und was überflüssig ist. Immer wieder schliesst sie Telefon und an der Haustür Verträge ab und tätigt irgend-welche Einkäufe. So hat sie mittlerweile unzählige Verträge mit Telekomanbietern und ihre Schränke sind voller unnötiger Wärmedecken. Ihre Tochter ist deshalb an die Kesb gelangt und diese hat für solche Geschäfte eine Mitwirkungsbeistandschaft ageordnet (siehe Seite 61).

Für Privatpersonen sind solche Gefährdungsmeldungen freiwillig. Viele Amtsstellen sind hingegen dazu verpflichtet, wenn sie in ihrer Tätigkeit mit Menschen zu tun haben, denen mit Erwachsenenschutzmassnahmen gedient sein könnte.

ÜBERLEGUNGEN, BEVOR SIE EINE MELDUNG MACHEN

Ein Schwächezustand (psychische Störung, geistige Behinderung etc.) muss Auswirkungen auf die Situation der gefährdeten Person haben, damit sich eine Meldung rechtfertigt. Nebst dem Schwächezustand braucht es einen Schutzbedarf:
- Dass jemand an Demenz erkrankt ist, sollten Sie der Behörde nur mitteilen, wenn die betroffene Person deswegen beispielsweise ihre Finanzen nicht mehr erledigen kann.
- Eine psychische Erkrankung allein ist kein Grund, an die Behörde zu gelangen. Eine Meldung ist aber angezeigt, wenn jemand beispielsweise sehr aggressiv gegen sich und andere ist und deshalb gegen seinen Willen fürsorgerisch untergebracht werden muss.

Anonyme Meldungen

Frage: «Ich befürchte ernsthafte Konsequenzen, wenn jemand erfährt, dass ich wegen meines Bruders eine Gefährdungsmeldung an die Kesb gemacht habe. Kann ich sie anonym machen?»

Antwort: Ja. Aber auch wenn sie nicht anonym schreiben, wird die Behörde Ihre Meldung in aller Regel vertraulich behandeln und Ihrem Bruder nicht mitteilen, von wem sie stammt. Kommt es hingegen zu einem Beschwerdeverfahren, wird die Identität der Meldeperson regelmässig offengelegt. Grundsätzlich sind anonyme Meldungen zu vermeiden. Wenn aber jemand befürchten muss, aufgrund der Meldung Nachteile zu erleben, kann Anonymität sinnvoll sein.

Problematisch an anonymen Meldungen ist, dass die Behörde keine Rückfragen stellen kann. Wenn Sie sich also für Anonymität entscheiden, sollten Sie die Gefährdungssituation möglichst eindeutig beschreiben.

Melderechte und Meldepflichten: was zu beachten ist

Wer das Gefühl hat, dass jemand Hilfe und Unterstützung nötig habe, kann eine Meldung machen. Erfolgt die Meldung mit böser Absicht und ohne ausreichenden Grund, kann dies ehrverletzend sein.

Werden Sie im Zusammenhang mit Ihrer beruflichen Tätigkeit – zum Beispiel als Bankbeamter, Sozialarbeiterin, Treuhänder – auf eine hilfsbedürftige Person aufmerksam, müssen Sie abwägen, ob Sie in diesem konkreten Fall eine Meldung machen oder ob Sie aufgrund Ihrer Schweigepflicht darauf verzichten sollten. Kommen Sie dann zum Schluss, dass die Meldung notwendig ist, verletzen Sie dadurch Ihre Schweigepflicht nicht (ausser das entsprechende Gesetz bestimmt etwas anderes). Ihre Interessenabwägung müssen Sie begründen und möglichst auch dokumentieren.

Wer wie Ärztinnen, Anwälte, Psychologen oder Apothekerinnen zusätzlich dem strafrechtlich geschützten Berufsgeheimnis untersteht, muss sich von der vorgesetzten Stelle davon entbinden lassen.

Meldepflichtig sind Personen in amtlicher Tätigkeit. Dieser Begriff ist weit auszulegen; darunter fällt die Tätigkeit jeder Person, die öffentlich-rechtliche Befugnisse ausübt. Also gehören auch Lehrpersonen und Amtsärzte dazu, allenfalls auch Mitarbeitende von Beratungsstellen und sozialen Dienstleistungen wie der Spitex, die dem Gemeinwesen obliegende öffentlich-rechtliche Aufgaben erfüllen. Die Meldepflicht geht dem Amtsgeheimnis, kantonalen Schweigepflichten und Berufskodizes vor, nicht aber dem strafrechtlich geschützten Berufsgeheimnis (Art. 321 StGB).

> **INFO** *Wer eine Meldung macht, hat keinen Anspruch auf Auskunft, ob Schritte eingeleitet wurden und ob eine Massnahme angeordnet wurde.*

Antragsrecht
Von Meldepflichten und Melderechten ist das Antragsrecht zu unterscheiden, obwohl der Unterschied für Laien nicht von Bedeutung ist: Anträge an die Kesb zu stellen, ist nur einem kleinen Personenkreis vorbehalten: zum Beispiel Nahestehenden, die feststellen, dass eine vorsorgebeauftragte Person nicht im Interesse des Auftraggebers handelt (siehe Seite 38).

Das Verfahren im Erwachsenenschutz

Wenn die Kesb von einer schutzbedürftigen Person Kenntnis erhält, muss sie tätig werden. Sie muss den Sachverhalt erfassen und Abklärungen treffen. Dabei kann sie nicht tun und lassen, was sie will, denn Behörden arbeiten immer auf der Grundlage des Gesetzes – alles andere wäre staatliche Willkür.

Die am Verfahren beteiligten Personen haben Rechte und Pflichten: vom Akteneinsichtsrecht bis hin zur Möglichkeit einer Beschwerde.

Das sind Ihre Rechte

Die betroffenen Personen sollen nicht Spielball der Behördentätigkeit sein, sondern sich und ihren Standpunkt aktiv im Verfahren einbringen können. Deshalb haben sie ein Bündel von Informations-, Anhörungs-

und Mitwirkungsrechten – wohlgemerkt: Rechten und nicht Pflichten. Niemand ist also gezwungen, diese Rechte wahrzunehmen. Hier die wichtigsten davon:

- **Orientierung über das Verfahren:** Wenn ein Verfahren bei einer Behörde beginnt, sind die betroffenen Personen darüber zu informieren. In der Regel macht das die Behörde mit einem Schreiben.
- **Anhörung,** Recht auf Äusserung und Stellungnahme: Die Betroffenen sollen zu den Abklärungen und den Ergebnissen Stellung nehmen können. Im Erwachsenenschutz ist dafür die persönliche Anhörung vorgesehen, bei einer fürsorgerischen Unterbringung sogar die Anhörung vor der Gesamtbehörde (siehe Seite 105). Die Behörde soll einerseits überprüfen, ob sie die richtigen Sachverhalte abgeklärt und aus den Abklärungen die richtigen Schlüsse gezogen hat. Anderseits ermöglicht die Anhörung den Betroffenen, ihre Sicht der Dinge aufzuzeigen, zu begründen und so Einfluss auf das Verfahren zu nehmen. Die Behörde muss prüfen, ob die Stellungnahme mit ihren Abklärungen übereinstimmt und wie Abweichungen zu erklären sind. Wenn nötig, muss sie weitere Abklärungen tätigen.
  Die Anhörung wird protokolliert. Es ist ratsam, dieses Protokoll genau zu lesen, bevor man es unterzeichnet, und allenfalls auszuhandeln, dass man es nach Hause nehmen und in Ruhe mit einer vertrauten Person besprechen kann.
- Die betroffene Person kann **Anträge** stellen. Sie kann zum Beispiel beantragen, dass ein Gutachten angeordnet wird.
- Recht auf **Akteneinsicht** und Auskunft: Die Behörde muss Akten führen. Die betroffene Person hat das Recht, in diese Einsicht zu nehmen, damit sie Kenntnis über entscheidrelevante Informationen hat. Dazu vereinbart man am besten einen Termin bei der Behörde, denn die Akten werden einem nicht nach Hause geschickt. Man darf sie auch nicht mitnehmen. Doch man kann auf eigene Kosten Kopien machen oder die Akten mit dem Mobiltelefon fotografieren.
  Vom Akteneinsichtsrecht darf nur abgewichen werden, wenn überwiegende Interessen dagegen sprechen. Wird die Akteneinsicht aus diesem Grund verweigert, darf die Behörde auf das verweigerte Aktenstück im Entscheid nur abstellen, wenn sie den oder die Betroffene über den wesentlichen Inhalt des Aktenstücks mündlich oder schriftlich informiert. Sonst darf sie es nicht für den Entscheid verwenden.

- Recht auf **Eröffnung und Begründung des Entscheids:** Damit ein Entscheid überprüft werden kann, muss die betroffene Person zunächst Kenntnis davon haben. Er muss ihr samt einer Begründung dazu zugestellt werden.
- **Recht auf Vertretung und unentgeltliche Prozessführung:** Grundsätzlich ist jedermann befugt, einen Rechtsanwalt für das Verfahren beizuziehen. Wer mittellos ist, kann von den Kosten für das Verfahren befreit werden, wenn seine Forderungen nicht aussichtslos sind (siehe Seite 145).
- Die betroffene Person kann gegen Entscheide der Kesb **Beschwerde** führen. Dann überprüft ein Gericht die Situation.

All diese Instrumente sollen ein faires Verfahren ermöglichen und die Übermacht der Behörde als Vertreterin des Staates ausgleichen.

Tipps für Gespräche mit den Behörden

Vielleicht sind Sie erzürnt, weil die Kesb eine Massnahme für Sie prüft. Sie sehen den Sinn nicht ein, weil Sie weder Hilfe noch Unterstützung wollen. Wie auch immer: Teilen Sie Ihren Standpunkt und Ihre Ansichten der Behörde sachlich mit. Verweigern Sie sich auf keinen Fall, wenn Sie zu einem Gespräch eingeladen werden. Die Behörde wird sich mit Ihnen befassen, ob Sie dies wollen oder nicht. Wenn Sie Gespräche verweigern, wird der Entscheid trotzdem gefällt – ohne Ihr Zutun. Die Chance auf einen Entscheid in Ihrem Sinn erhöht sich, wenn Sie mit der Behörde zusammenarbeiten.

- Erklären Sie, warum Sie keine Hilfe wünschen oder welche Unterstützung Sie für angemessen halten.
- Versuchen Sie mit Beispielen aus Ihrem Alltag zu belegen, wo Sie ohne Hilfe auskommen können oder wo Sie für Hilfe dankbar wären.
- Fordern Sie die Behörde auf, mit Ihren Verwandten und Bekannten, mit der Hausärztin oder anderen Vertrauenspersonen zu reden.
- Teilen Sie der Behörde mit, welche Massnahme Ihrer Meinung nach am geeignetsten wäre.
- Begründen Sie Ihre Meinung. Fragen Sie nach, was aus Sicht der Behörde dagegen sprechen könnte.

> **TIPP** *Bereiten Sie sich auf das Gespräch vor. Fragen Sie nach, wer mit Ihnen reden wird und ob mehrere Personen teilnehmen werden.*

«Mit denen kann man nicht reden» – mit dieser Haltung stehen viele den Behörden gegenüber. Bei Unstimmigkeiten muss man trotzdem das persönliche Gespräch suchen. Damit dieses konstruktiv verläuft, gilt es einige Tipps zu beachten.

- Gehen Sie mit einer positiven Einstellung zum Gespräch. Der Grundsatz lautet: Die Behörde arbeitet für und nicht gegen mich.
- Achten Sie auf das, was Sie gerade fühlen und denken. Wenn Sie traurig sind, reagiert Ihr Gegenüber anders auf Sie, als wenn Sie glücklich sind. Ihre Gefühle beeinflussen, was Sie sagen und wie Sie sich verhalten – und auch die Art, wie Sie das, was Sie hören, interpretieren. Wenn Sie verletzt sind, kann es nützlich sein, dies offen zu sagen.
- Es ist von Vorteil, wenn Sie ungute Gefühle ansprechen. Sie zu verschweigen, ist nicht ratsam. Denn dann besteht die Gefahr, dass bei einem geringen Anlass der ganze aufgestaute Ärger, alle Ängste unbeherrscht aus Ihnen herausbrechen – sehr zum Befremden Ihres Gegenübers.
- Statt zu sagen «man sollte» oder «jeder sollte», sprechen Sie besser von sich selbst. Versuchen Sie, solche Verallgemeinerungen zu umgehen, indem Sie immer in der Ich-Form sprechen: «Ich möchte», «ich wünsche», «mir ist wichtig, dass...»
- Wenn Sie mit einer Entscheidung nicht einverstanden sind, vermeiden Sie Drohungen wie: «Das ist ein Fall für den Beobachter», oder: «Das wird Ihnen irgendwann noch leid tun.» Dies nicht zuletzt deshalb, weil die Behörde solche Drohungen unterschiedlich beurteilt und sie auch als Bestätigung Ihrer Hilfsbedürftigkeit auslegen könnte. Zudem machen Sie sich mit solchen Äusserungen unter Umständen strafbar. Fragen Sie stattdessen, was Ihr Gegenüber bewogen hat, so und nicht anders zu entscheiden. Fragen Sie nach anderen Lösungswegen und Handlungsspielräumen.
- Unterstellen Sie dem Behördenvertreter keine Absichten, die vielleicht gar nicht vorhanden sind. Vermeiden Sie Sätze wie: «Das machen Sie sicher nur, um...», oder: «Sie wollen nur nicht, dass...»
- Seien Sie bereit, Vorschläge zu überprüfen. Sie dürfen um Bedenkzeit bitten, wenn Sie etwas in Ruhe überlegen möchten.

- Vergessen Sie nicht, auch Dinge anzusprechen, die Sie hilfreich, nützlich und angenehm finden.

Was die Behörde entscheidet, wird verfügt

«Ich habe nie etwas Schriftliches bekommen, man hat einfach entschieden», diese Aussage hören die Fachleute im Beobachter-Beratungszentrum oft. Das ist nicht möglich. Ohne schriftliche Verfügungen können keine Massnahmen angeordnet werden. Die Beschlüsse der Kindes- und Erwachsenenschutzbehörde werden Ihnen persönlich ausgehändigt oder einge-

SO SIEHT EINE VERFÜGUNG AUS
Eine Verfügung ist in der Regel in drei Teile gegliedert.
- Im ersten Teil sind allgemeine Angaben enthalten:
  – Angaben zur Person
  – eine Betreffzeile, zum Beispiel «Anordnung einer Begleitbeistandschaft»
  – der Sachverhalt, zum Beispiel Hinweise auf das Verfahren, Schilderung der vorhandenen Informationen und der Gefährdung
- Im zweiten Teil sind die Erwägungen der Behörde aufgeführt:
  – örtliche und sachliche Zuständigkeit
  – Schlussfolgerungen aus dem Sachverhalt
  – allfällige Kosten, zum Beispiel eines Gutachtens
  – evtl. Entzug der aufschiebenden Wirkung (siehe Seite 106)
- Im dritten Teil ist beschrieben, welche Entscheide die Behörde gefällt hat, und es ist angegeben, wie man sich dagegen wehren kann:
  – der Entscheid als solcher mit Angabe der entsprechenden Gesetzesartikel
  – bei Beistandschaften: Ernennung des Beistands, der Beiständin und Umschreibung des Auftrags
  – allfällige Gebühren
  – Rechtsmittelbelehrung: Möglichkeit der Beschwerde, Frist, Adresse der Beschwerdeinstanz
  – Namen der Personen, denen der Entscheid schriftlich eröffnet wird
  – Adressen der Stellen, denen der Entscheid mitgeteilt wird, zum Beispiel Betreibungsamt

schrieben verschickt. Es ist wichtig, dass Sie alle diese Beschlüsse aufmerksam lesen und aufbewahren.

Eröffnet Ihnen die Behörde den Entscheid nur mit einem normalen Brief, können Sie eine beschwerdefähige Verfügung mit Rechtsmittelbelehrung verlangen. Die Verfügung muss den Entscheid sowie eine Begründung dafür enthalten. In der Rechtsmittelbelehrung sehen Sie, innert welcher Frist Sie an welches Gericht gelangen können, wenn Sie mit dem Entscheid nicht einverstanden sind.

Beschwerden gegen Entscheide der Kesb

Beschwerden können Sie dann machen, wenn Sie mit Entscheiden der Behörde nicht einverstanden sind. Einen Anwalt braucht man dazu nicht.

Beschwerden können von Hand geschrieben sein, sie erfordern auch keinen speziellen Schreibstil. Sinnvoll ist es, wenn Sie in wenigen und einfachen Worten auf den Punkt bringen, was Sie beanstanden. Direkt involvierten Personen, zum Beispiel Ihrer Beiständin oder einem Vertragspartner, können Sie Kopien schicken, müssen aber nicht. Kopien an Drittpersonen, Politiker oder Medien sind nicht zu empfehlen; dadurch verleihen Sie Ihrer Beschwerde keine grössere Aufmerksamkeit.

Beschwerden gegen Entscheide der Behörde müssen innerhalb von 30 Tagen beim zuständigen Gericht deponiert werden. Achtung: Bei einem Entscheid auf dem Gebiet der fürsorgerischen Unterbringung und bei Sofortmassnahmen (Art. 445 ZGB) beträgt die Beschwerdefrist bloss zehn Tage ab Mitteilung des Entscheids. Welches Gericht zuständig ist, ist stets der Verfügung zu entnehmen.

Wenn in der Rechtsmittelbelehrung nichts anderes vorgegeben ist, sollten Sie Ihre Beschwerde eingeschrieben schicken oder sie persönlich vorbeibringen und sich eine Quittung geben lassen.

> **TIPP** *Was für eine Beschwerde gegen den Beistand, die Beiständin gilt, lesen Sie in Kapitel 3 (Seite 78). Auch im Zusammenhang mit Vorsorgeaufträgen, Patientenverfügungen, Vertretungsrechten, bei der fürsorgerischen Unterbringung und bei bewegungseinschränkenden Massnahmen gibt es Beschwerdemöglichkeiten. Mehr dazu lesen Sie in den entsprechenden Kapiteln.*

> **DAS GEHÖRT IN EINE BESCHWERDE**
> - Ihre Personalien und Ihre Adresse
> - Angaben, welchen Entscheid Sie anfechten
> - Begründung für die Beschwerde: Was will ich? Was will ich nicht? Und warum?
> - Ort, Datum und Unterschrift
> - Beilagen und wichtige Unterlagen
>
> Eine Vorlage für eine Beschwerde finden Sie im Anhang.

Braucht man für das Verfahren einen Anwalt?
Bevor Sie einen Anwalt, eine Anwältin beiziehen, sollten Sie sich auf einer Beratungsstelle eingehend informieren (Adressen im Anhang). Wenn diese Stellen eine anwaltschaftliche Vertretung empfehlen, können sie Ihnen vielleicht einen geeigneten Rechtsbeistand vermitteln.

> **TIPP** *Auch das Beobachter-Beratungszentrum vermittelt vertrauenswürdige Anwältinnen und Anwälte in Ihrer Region (www.beobachter.ch/beratung → Anwalt finden).*

Der Verfahrensbeistand
Jedermann hat in einem laufenden Verfahren das Recht auf jemanden, der ihn oder sie vertritt. Was aber gilt, wenn jemand gar nicht in der Lage ist, einen Anwalt einzuschalten, weil er seine Interessen nicht wahrnehmen kann oder gar urteilsunfähig ist? In diesen Fällen wird die Behörde eine Vertretung für ihn anordnen: Es wird ein Verfahrensbeistand berufen.

> **INFO** *Auch Sie selber können für das Verfahren einen Beistand beauftragen. Dieser muss nicht Anwalt sein; es reicht, wenn er in rechtlichen und sozialen Fragen Erfahrung hat.*

Frage: «Ich habe ein Entlassungsgesuch gemacht, das abgewiesen wurde. Jetzt habe ich Beschwerde eingereicht und brauche einen Verfahrensbeistand. Wer bezahlt diesen?»
Antwort: Bei einem Verfahrensbeistand, den die Kesb einsetzt, regelt das neue Gesetz die Kostenfolge nicht. Möglicherweise enthält das kantonale Recht eine Bestimmung dazu. Wenn nicht, müssen Sie selbst für die Kos-

ten aufkommen. Haben Sie dafür nicht genug Geld, muss das Gemeinwesen einspringen und bezahlen, weil in solchen Fällen die unentgeltliche Prozessführung zum Tragen kommt (siehe unten). Wenn Sie selbst einen Verfahrensbeistand wählen, müssen Sie diesen selbst bezahlen. Wenn Sie mittellos sind, wird er für Sie ein Gesuch um unentgeltliche Prozessführung stellen.

Unentgeltliche Rechtspflege

Gemäss der Bundesverfassung hat jede Person, die nicht über die nötigen finanziellen Mittel verfügt, «Anspruch auf unentgeltliche Rechtspflege, wenn ihr Rechtsbegehren nicht aussichtslos erscheint». Niemand soll auf die Durchsetzung seiner berechtigten Ansprüche verzichten müssen, nur weil die finanziellen Mittel fehlen. Unentgeltliche Rechtspflege bedeutet, dass die Klägerin, der Kläger auch bei negativem Ausgang des Verfahrens keine Gerichtskosten bezahlen muss. Das heisst aber nicht, dass diese Kosten auf ewig erlassen sind. Kommt jemand später zu Vermögen, kann der Staat das vorgeschossene Geld zurückverlangen.

Ein Gesuch um unentgeltliche Rechtspflege muss man in der Regel beim angerufenen Gericht oder bei der zuständigen Behörde einreichen. Dazu gibt es in den meisten Kantonen detaillierte Formulare, die vollständig und – insbesondere was die Finanzen betrifft – wahrheitsgetreu auszufüllen sind. Die unentgeltliche Prozessführung wird bewilligt, wenn jemandem die Mittel fehlen, um neben dem Lebensunterhalt für sich und die Familie die Prozesskosten aufzubringen.

WANN GIBT ES UNENTGELTLICHE RECHTSPFLEGE?
Die **Gerichtskosten** werden unter folgenden Voraussetzungen übernommen:
- Das Gerichtsverfahren darf nicht aussichtslos erscheinen und
- Sie müssen bedürftig sein, das heisst unter oder nur knapp über dem Existenzminimum leben.

Ihre **Anwaltskosten** werden übernommen, wenn die beiden obigen Voraussetzungen zutreffen und Sie ohne anwaltliche Unterstützung nicht in der Lage wären, die zu klärenden Fragen dem Gericht angemessen darzulegen.

Die unentgeltliche Rechtspflege umfasst nicht nur die Übernahme der Gerichtskosten, sondern auch der notwendigen Anwaltskosten durch die Staatskasse. Anwaltskosten werden aber grundsätzlich nur für die Aufwendungen im Rahmen eines laufenden oder anstehenden Verfahrens übernommen. Eine rein beratende Tätigkeit des Anwalts oder eine aussergerichtliche Vermittlung gehören nicht dazu. Zudem werden die Kosten des Gegenanwalts nicht übernommen. Wer den Prozess verliert, muss diese immer bezahlen.

Die Medien einschalten?

Vielleicht fühlen Sie sich so ungerecht behandelt, dass Sie sich schlagkräftigere Unterstützung verschaffen wollen. Warum nicht in einem schwierigen Verfahren die Medien einschalten?

Das kann eine heikle Sache werden: Kaum eine Zeitung oder Zeitschrift wird Ihre Sicht der Dinge eins zu eins veröffentlichen. Das Gleiche gilt für Fernseh- und Radiostationen. Es gehört zum fairen Journalismus, dass jeweils die stärksten und besten Argumente von beiden Parteien verwendet werden – also auch diejenigen der Kesb.

Die Behördenmitglieder werden allerdings, sofern sie überhaupt mit Journalisten reden, äusserst zurückhaltend reagieren. Selbst dann, wenn Sie zuhanden eines Journalisten eine Entbindung von der Schweigepflicht unterschreiben. Es ist nämlich nicht Aufgabe der Behörde, ihr Tun oder Lassen vor den Medien zu rechtfertigen. Ihre Aufgabe ist es vielmehr, hilfsbedürftige Menschen zu schützen. In den meisten Fällen gehört zu diesem Schutz auch, dass die Behörde sensible Angaben zu Ihrer Persönlichkeit von der Öffentlichkeit fernhält.

Selbstverständlich steht es Ihnen aber frei, den Medien Einblick in sämtliche schriftlichen Unterlagen zu geben, die Sie von der Behörde erhalten haben. Es liegt dann am Journalisten, zu entscheiden, ob Ihr Anliegen von öffentlichem Interesse ist. Wenn nicht, wird Ihr Anliegen unveröffentlicht in der Schublade verschwinden.

TIPP *Vergessen Sie auch nicht, dass die Macht der Medien weniger gross ist, als man oft meint: Nichts ist so alt wie eine Zeitung von gestern. Und während der Journalist und die breite*

Öffentlichkeit Ihren Fall längst vergessen haben, leiden Sie unter Umständen noch lange daran, dass Ihre Nachbarn, Ihre Verwandten und Kollegen Dinge über Sie wissen, die im Grunde niemanden etwas angehen.

Anhang

Gesetzestext

Vorlagen

Adressen

Weiterführende Bücher

Stichwortverzeichnis

Download-Angebot
Alle Vorlagen im Anhang stehen online bereit zum Herunterladen und selber Bearbeiten: www.beobachter.ch/download (Code 9995).

Gesetzestext

Das Erwachsenenschutzrecht ist festgehalten in den Artikeln 360 bis 456 ZGB. Hier der Gesetzestext im Wortlaut:

Dritte Abteilung: Der Erwachsenenschutz
Zehnter Titel: Die eigene Vorsorge und Massnahmen von Gesetzes wegen
Erster Abschnitt: Die eigene Vorsorge
Erster Unterabschnitt: Der Vorsorgeauftrag

Art. 360

A. Grundsatz

¹ Eine handlungsfähige Person kann eine natürliche oder juristische Person beauftragen, im Fall ihrer Urteilsunfähigkeit die Personensorge oder die Vermögenssorge zu übernehmen oder sie im Rechtsverkehr zu vertreten.
² Sie muss die Aufgaben, die sie der beauftragten Person übertragen will, umschreiben und kann Weisungen für die Erfüllung der Aufgaben erteilen.
³ Sie kann für den Fall, dass die beauftragte Person für die Aufgaben nicht geeignet ist, den Auftrag nicht annimmt oder ihn kündigt, Ersatzverfügungen treffen.

Art. 361

B. Errichtung und Widerruf
I. Errichtung

¹ Der Vorsorgeauftrag ist eigenhändig zu errichten oder öffentlich zu beurkunden.
² Der eigenhändige Vorsorgeauftrag ist von der auftraggebenden Person von Anfang bis Ende von Hand niederzuschreiben, zu datieren und zu unterzeichnen.
³ Das Zivilstandsamt trägt auf Antrag die Tatsache, dass eine Person einen Vorsorgeauftrag errichtet hat, und den Hinterlegungsort in die zentrale Datenbank ein. Der Bundesrat erlässt die nötigen Bestimmungen, namentlich über den Zugang zu den Daten.

Art. 362
¹ Die auftraggebende Person kann ihren Vorsorgeauftrag jederzeit in einer der Formen widerrufen, die für die Errichtung vorgeschrieben sind. II. Widerruf
² Sie kann den Vorsorgeauftrag auch dadurch widerrufen, dass sie die Urkunde vernichtet.
³ Errichtet sie einen neuen Vorsorgeauftrag, ohne einen früheren ausdrücklich aufzuheben, so tritt der neue Vorsorgeauftrag an die Stelle des früheren, sofern er nicht zweifellos eine blosse Ergänzung darstellt.

Art. 363
¹ Erfährt die Erwachsenenschutzbehörde, dass eine Person urteilsunfähig geworden ist, und ist ihr nicht bekannt, ob ein Vorsorgeauftrag vorliegt, so erkundigt sie sich beim Zivilstandsamt. C. Feststellung der Wirksamkeit und Annahme
² Liegt ein Vorsorgeauftrag vor, so prüft die Erwachsenenschutzbehörde, ob:
1. dieser gültig errichtet worden ist;
2. die Voraussetzungen für seine Wirksamkeit eingetreten sind;
3. die beauftragte Person für ihre Aufgaben geeignet ist; und
4. weitere Massnahmen des Erwachsenenschutzes erforderlich sind.

³ Nimmt die beauftragte Person den Vorsorgeauftrag an, so weist die Behörde sie auf ihre Pflichten nach den Bestimmungen des Obligationenrechts über den Auftrag hin und händigt ihr eine Urkunde aus, die ihre Befugnisse wiedergibt.

Art. 364
Die beauftragte Person kann die Erwachsenenschutzbehörde um Auslegung des Vorsorgeauftrags und dessen Ergänzung in Nebenpunkten ersuchen. D. Auslegung und Ergänzung

Art. 365
¹ Die beauftragte Person vertritt im Rahmen des Vorsorgeauftrags die auftraggebende Person und nimmt ihre Aufgaben nach den Bestimmungen des Obligationenrechts über den Auftrag sorgfältig wahr. E. Erfüllung
² Müssen Geschäfte besorgt werden, die vom Vorsorgeauftrag nicht erfasst sind, oder hat die beauftragte Person in einer Angelegenheit Interessen, die denen der betroffenen Person widersprechen, so benachrichtigt die beauftragte Person unverzüglich die Erwachsenenschutzbehörde.
³ Bei Interessenkollision entfallen von Gesetzes wegen die Befugnisse der beauftragten Person.

Art. 366

F. Entschädigung und Spesen

¹ Enthält der Vorsorgeauftrag keine Anordnung über die Entschädigung der beauftragten Person, so legt die Erwachsenenschutzbehörde eine angemessene Entschädigung fest, wenn dies mit Rücksicht auf den Umfang der Aufgaben als gerechtfertigt erscheint oder wenn die Leistungen der beauftragten Person üblicherweise entgeltlich sind.

² Die Entschädigung und die notwendigen Spesen werden der auftraggebenden Person belastet.

Art. 367

G. Kündigung

¹ Die beauftragte Person kann den Vorsorgeauftrag jederzeit mit einer zweimonatigen Kündigungsfrist durch schriftliche Mitteilung an die Erwachsenenschutzbehörde kündigen.

² Aus wichtigen Gründen kann sie den Auftrag fristlos kündigen.

Art. 368

H. Einschreiten der Erwachsenenschutzbehörde

¹ Sind die Interessen der auftraggebenden Person gefährdet oder nicht mehr gewahrt, so trifft die Erwachsenenschutzbehörde von Amtes wegen oder auf Antrag einer nahestehenden Person die erforderlichen Massnahmen.

² Sie kann insbesondere der beauftragten Person Weisungen erteilen, diese zur Einreichung eines Inventars, zur periodischen Rechnungsablage und zur Berichterstattung verpflichten oder ihr die Befugnisse teilweise oder ganz entziehen.

Art. 369

I. Wiedererlangen der Urteilsfähigkeit

¹ Wird die auftraggebende Person wieder urteilsfähig, so verliert der Vorsorgeauftrag seine Wirksamkeit von Gesetzes wegen.

² Werden dadurch die Interessen der auftraggebenden Person gefährdet, so ist die beauftragte Person verpflichtet, so lange für die Fortführung der ihr übertragenen Aufgaben zu sorgen, bis die auftraggebende Person ihre Interessen selber wahren kann.

³ Aus Geschäften, welche die beauftragte Person vornimmt, bevor sie vom Erlöschen ihres Auftrags erfährt, wird die auftraggebende Person verpflichtet, wie wenn der Auftrag noch bestehen würde.

Zweiter Unterabschnitt: Die Patientenverfügung

Art. 370
¹ Eine urteilsfähige Person kann in einer Patientenverfügung festlegen, welchen medizinischen Massnahmen sie im Fall ihrer Urteilsunfähigkeit zustimmt oder nicht zustimmt.
² Sie kann auch eine natürliche Person bezeichnen, die im Fall ihrer Urteilsunfähigkeit mit der behandelnden Ärztin oder dem behandelnden Arzt die medizinischen Massnahmen besprechen und in ihrem Namen entscheiden soll. Sie kann dieser Person Weisungen erteilen.
³ Sie kann für den Fall, dass die bezeichnete Person für die Aufgaben nicht geeignet ist, den Auftrag nicht annimmt oder ihn kündigt, Ersatzverfügungen treffen.

A. Grundsatz

Art. 371
¹ Die Patientenverfügung ist schriftlich zu errichten, zu datieren und zu unterzeichnen.
² Wer eine Patientenverfügung errichtet hat, kann diese Tatsache und den Hinterlegungsort auf der Versichertenkarte eintragen lassen. Der Bundesrat erlässt die nötigen Bestimmungen, namentlich über den Zugang zu den Daten.
³ Die Bestimmung über den Widerruf des Vorsorgeauftrags ist sinngemäss anwendbar.

B. Errichtung und Widerruf

Art. 372
¹ Ist die Patientin oder der Patient urteilsunfähig und ist nicht bekannt, ob eine Patientenverfügung vorliegt, so klärt die behandelnde Ärztin oder der behandelnde Arzt dies anhand der Versichertenkarte ab. Vorbehalten bleiben dringliche Fälle.
² Die Ärztin oder der Arzt entspricht der Patientenverfügung, ausser wenn diese gegen gesetzliche Vorschriften verstösst oder wenn begründete Zweifel bestehen, dass sie auf freiem Willen beruht oder noch dem mutmasslichen Willen der Patientin oder des Patienten entspricht.
³ Die Ärztin oder der Arzt hält im Patientendossier fest, aus welchen Gründen der Patientenverfügung nicht entsprochen wird.

C. Eintritt der Urteilsunfähigkeit

Art. 373

D. Einschreiten der Erwachsenenschutzbehörde

¹ Jede der Patientin oder dem Patienten nahestehende Person kann schriftlich die Erwachsenenschutzbehörde anrufen und geltend machen, dass:
1. der Patientenverfügung nicht entsprochen wird;
2. die Interessen der urteilsunfähigen Person gefährdet oder nicht mehr gewahrt sind;
3. die Patientenverfügung nicht auf freiem Willen beruht.

² Die Bestimmung über das Einschreiten der Erwachsenenschutzbehörde beim Vorsorgeauftrag ist sinngemäss anwendbar.

Zweiter Abschnitt: Massnahmen von Gesetzes wegen für urteilsunfähige Personen
Erster Unterabschnitt: Vertretung durch den Ehegatten, die eingetragene Partnerin oder den eingetragenen Partner

Art. 374

A. Voraussetzungen und Umfang des Vertretungsrechts

¹ Wer als Ehegatte, eingetragene Partnerin oder eingetragener Partner mit einer Person, die urteilsunfähig wird, einen gemeinsamen Haushalt führt oder ihr regelmässig und persönlich Beistand leistet, hat von Gesetzes wegen ein Vertretungsrecht, wenn weder ein Vorsorgeauftrag noch eine entsprechende Beistandschaft besteht.

² Das Vertretungsrecht umfasst:
1. alle Rechtshandlungen, die zur Deckung des Unterhaltsbedarfs üblicherweise erforderlich sind;
2. die ordentliche Verwaltung des Einkommens und der übrigen Vermögenswerte; und
3. nötigenfalls die Befugnis, die Post zu öffnen und zu erledigen.

³ Für Rechtshandlungen im Rahmen der ausserordentlichen Vermögensverwaltung muss der Ehegatte, die eingetragene Partnerin oder der eingetragene Partner die Zustimmung der Erwachsenenschutzbehörde einholen.

Art. 375

B. Ausübung des Vertretungsrechts

Auf die Ausübung des Vertretungsrechts sind die Bestimmungen des Obligationenrechts über den Auftrag sinngemäss anwendbar.

Art. 376
¹ Bestehen Zweifel, ob die Voraussetzungen für eine Vertretung erfüllt sind, so entscheidet die Erwachsenenschutzbehörde über das Vertretungsrecht und händigt gegebenenfalls dem Ehegatten, der eingetragenen Partnerin oder dem eingetragenen Partner eine Urkunde aus, welche die Befugnisse wiedergibt.

² Sind die Interessen der urteilsunfähigen Person gefährdet oder nicht mehr gewahrt, so entzieht die Erwachsenenschutzbehörde dem Ehegatten, der eingetragenen Partnerin oder dem eingetragenen Partner auf Antrag einer nahestehenden Person oder von Amtes wegen die Vertretungsbefugnisse teilweise oder ganz oder errichtet eine Beistandschaft.

C. Einschreiten der Erwachsenenschutzbehörde

Zweiter Unterabschnitt: Vertretung bei medizinischen Massnahmen

Art. 377
¹ Hat sich eine urteilsunfähige Person zur Behandlung nicht in einer Patientenverfügung geäussert, so plant die behandelnde Ärztin oder der behandelnde Arzt unter Beizug der zur Vertretung bei medizinischen Massnahmen berechtigten Person die erforderliche Behandlung.

² Die Ärztin oder der Arzt informiert die vertretungsberechtigte Person über alle Umstände, die im Hinblick auf die vorgesehenen medizinischen Massnahmen wesentlich sind, insbesondere über deren Gründe, Zweck, Art, Modalitäten, Risiken, Nebenwirkungen und Kosten, über Folgen eines Unterlassens der Behandlung sowie über allfällige alternative Behandlungsmöglichkeiten.

³ Soweit möglich wird auch die urteilsunfähige Person in die Entscheidfindung einbezogen.

⁴ Der Behandlungsplan wird der laufenden Entwicklung angepasst.

A. Behandlungsplan

Art. 378
¹ Die folgenden Personen sind der Reihe nach berechtigt, die urteilsunfähige Person zu vertreten und den vorgesehenen ambulanten oder stationären Massnahmen die Zustimmung zu erteilen oder zu verweigern:
   1. die in einer Patientenverfügung oder in einem Vorsorgeauftrag bezeichnete Person;

B. Vertretungsberechtigte Person

2. der Beistand oder die Beiständin mit einem Vertretungsrecht bei medizinischen Massnahmen;
3. wer als Ehegatte, eingetragene Partnerin oder eingetragener Partner einen gemeinsamen Haushalt mit der urteilsunfähigen Person führt oder ihr regelmässig und persönlich Beistand leistet;
4. die Person, die mit der urteilsunfähigen Person einen gemeinsamen Haushalt führt und ihr regelmässig und persönlich Beistand leistet;
5. die Nachkommen, wenn sie der urteilsunfähigen Person regelmässig und persönlich Beistand leisten;
6. die Eltern, wenn sie der urteilsunfähigen Person regelmässig und persönlich Beistand leisten;
7. die Geschwister, wenn sie der urteilsunfähigen Person regelmässig und persönlich Beistand leisten.

² Sind mehrere Personen vertretungsberechtigt, so dürfen die gutgläubige Ärztin oder der gutgläubige Arzt voraussetzen, dass jede im Einverständnis mit den anderen handelt.

³ Fehlen in einer Patientenverfügung Weisungen, so entscheidet die vertretungsberechtigte Person nach dem mutmasslichen Willen und den Interessen der urteilsunfähigen Person.

Art. 379

C. Dringliche Fälle

In dringlichen Fällen ergreift die Ärztin oder der Arzt medizinische Massnahmen nach dem mutmasslichen Willen und den Interessen der urteilsunfähigen Person.

Art. 380

D. Behandlung einer psychischen Störung

Die Behandlung einer psychischen Störung einer urteilsunfähigen Person in einer psychiatrischen Klinik richtet sich nach den Bestimmungen über die fürsorgerische Unterbringung.

Art. 381

E. Einschreiten der Erwachsenenschutzbehörde

¹ Die Erwachsenenschutzbehörde errichtet eine Vertretungsbeistandschaft, wenn keine vertretungsberechtigte Person vorhanden ist oder das Vertretungsrecht ausüben will.

² Sie bestimmt die vertretungsberechtigte Person oder errichtet eine Vertretungsbeistandschaft, wenn:

1. unklar ist, wer vertretungsberechtigt ist;
2. die vertretungsberechtigten Personen unterschiedliche Auffassungen haben; oder
3. die Interessen der urteilsunfähigen Person gefährdet oder nicht mehr gewahrt sind.

³ Sie handelt auf Antrag der Ärztin oder des Arztes oder einer anderen nahestehenden Person oder von Amtes wegen.

Dritter Unterabschnitt: Aufenthalt in Wohn- oder Pflegeeinrichtungen

Art. 382

¹ Wird eine urteilsunfähige Person für längere Dauer in einer Wohnoder Pflegeeinrichtung betreut, so muss schriftlich in einem Betreuungsvertrag festgelegt werden, welche Leistungen die Einrichtung erbringt und welches Entgelt dafür geschuldet ist.
² Bei der Festlegung der von der Einrichtung zu erbringenden Leistungen werden die Wünsche der betroffenen Person so weit wie möglich berücksichtigt.
³ Die Zuständigkeit für die Vertretung der urteilsunfähigen Person beim Abschluss, bei der Änderung oder bei der Aufhebung des Betreuungsvertrags richtet sich sinngemäss nach den Bestimmungen über die Vertretung bei medizinischen Massnahmen.

A. Betreuungsvertrag

Art. 383

¹ Die Wohn- oder Pflegeeinrichtung darf die Bewegungsfreiheit der urteilsunfähigen Person nur einschränken, wenn weniger einschneidende Massnahmen nicht ausreichen oder von vornherein als ungenügend erscheinen und die Massnahme dazu dient:
1. eine ernsthafte Gefahr für das Leben oder die körperliche Integrität der betroffenen Person oder Dritter abzuwenden; oder
2. eine schwerwiegende Störung des Gemeinschaftslebens zu beseitigen.

B. Einschränkung der Bewegungsfreiheit
I. Voraussetzungen

² Vor der Einschränkung der Bewegungsfreiheit wird der betroffenen Person erklärt, was geschieht, warum die Massnahme angeordnet wurde, wie

lange diese voraussichtlich dauert und wer sich während dieser Zeit um sie kümmert. Vorbehalten bleiben Notfallsituationen.

³ Die Einschränkung der Bewegungsfreiheit wird so bald wie möglich wieder aufgehoben und auf jeden Fall regelmässig auf ihre Berechtigung hin überprüft.

Art. 384

II. Protokollierung und Information

¹ Über jede Massnahme zur Einschränkung der Bewegungsfreiheit wird Protokoll geführt. Dieses enthält insbesondere den Namen der anordnenden Person, den Zweck, die Art und die Dauer der Massnahme.

² Die zur Vertretung bei medizinischen Massnahmen berechtigte Person wird über die Massnahme zur Einschränkung der Bewegungsfreiheit informiert und kann das Protokoll jederzeit einsehen.

³ Ein Einsichtsrecht steht auch den Personen zu, welche die Wohn- oder Pflegeeinrichtung beaufsichtigen.

Art. 385

III. Einschreiten der Erwachsenenschutzbehörde

¹ Die betroffene oder eine ihr nahestehende Person kann gegen eine Massnahme zur Einschränkung der Bewegungsfreiheit jederzeit schriftlich die Erwachsenenschutzbehörde am Sitz der Einrichtung anrufen.

² Stellt die Erwachsenenschutzbehörde fest, dass die Massnahme nicht den gesetzlichen Vorgaben entspricht, so ändert sie die Massnahme, hebt sie auf oder ordnet eine behördliche Massnahme des Erwachsenenschutzes an. Nötigenfalls benachrichtigt sie die Aufsichtsbehörde der Einrichtung.

³ Jedes Begehren um Beurteilung durch die Erwachsenenschutzbehörde wird dieser unverzüglich weitergeleitet.

Art. 386

C. Schutz der Persönlichkeit

¹ Die Wohn- oder Pflegeeinrichtung schützt die Persönlichkeit der urteilsunfähigen Person und fördert so weit wie möglich Kontakte zu Personen ausserhalb der Einrichtung.

² Kümmert sich niemand von ausserhalb der Einrichtung um die betroffene Person, so benachrichtigt die Wohn- oder Pflegeeinrichtung die Erwachsenenschutzbehörde.

³ Die freie Arztwahl ist gewährleistet, soweit nicht wichtige Gründe dagegen sprechen.

Art. 387
Die Kantone unterstellen Wohn- und Pflegeeinrichtungen, in denen urteilsunfähige Personen betreut werden, einer Aufsicht, soweit nicht durch bundesrechtliche Vorschriften bereits eine Aufsicht gewährleistet ist.

D. Aufsicht über Wohn- und Pflegeeinrichtungen

Elfter Titel: Die behördlichen Massnahmen
Erster Abschnitt: Allgemeine Grundsätze

Art. 388
¹ Die behördlichen Massnahmen des Erwachsenenschutzes stellen das Wohl und den Schutz hilfsbedürftiger Personen sicher.
² Sie sollen die Selbstbestimmung der betroffenen Person so weit wie möglich erhalten und fördern.

A. Zweck

Art. 389
¹ Die Erwachsenenschutzbehörde ordnet eine Massnahme an, wenn:
 1. die Unterstützung der hilfsbedürftigen Person durch die Familie, andere nahestehende Personen oder private oder öffentliche Dienste nicht ausreicht oder von vornherein als ungenügend erscheint;
 2. bei Urteilsunfähigkeit der hilfsbedürftigen Person keine oder keine ausreichende eigene Vorsorge getroffen worden ist und die Massnahmen von Gesetzes wegen nicht genügen.

² Jede behördliche Massnahme muss erforderlich und geeignet sein.

B. Subsidiarität und Verhältnismässigkeit

Zweiter Abschnitt: Die Beistandschaften
Erster Unterabschnitt: Allgemeine Bestimmungen

Art. 390
¹ Die Erwachsenenschutzbehörde errichtet eine Beistandschaft, wenn eine volljährige Person:
 1. wegen einer geistigen Behinderung, einer psychischen Störung oder eines ähnlichen in der Person liegenden Schwächezustands ihre Angelegenheiten nur teilweise oder gar nicht besorgen kann;
 2. wegen vorübergehender Urteilsunfähigkeit oder Abwesenheit in Angelegenheiten, die erledigt werden müssen, weder selber

A. Voraussetzungen

handeln kann noch eine zur Stellvertretung berechtigte Person bezeichnet hat.

² Die Belastung und der Schutz von Angehörigen und Dritten sind zu berücksichtigen.

³ Die Beistandschaft wird auf Antrag der betroffenen oder einer nahestehenden Person oder von Amtes wegen errichtet.

Art. 391

B. Aufgabenbereiche

¹ Die Erwachsenenschutzbehörde umschreibt die Aufgabenbereiche der Beistandschaft entsprechend den Bedürfnissen der betroffenen Person.

² Die Aufgabenbereiche betreffen die Personensorge, die Vermögenssorge oder den Rechtsverkehr.

³ Ohne Zustimmung der betroffenen Person darf der Beistand oder die Beiständin nur dann deren Post öffnen oder deren Wohnräume betreten, wenn die Erwachsenenschutzbehörde die Befugnis dazu ausdrücklich erteilt hat.

Art. 392

C. Verzicht auf eine Beistandschaft

Erscheint die Errichtung einer Beistandschaft wegen des Umfangs der Aufgaben als offensichtlich unverhältnismässig, so kann die Erwachsenenschutzbehörde:

1. von sich aus das Erforderliche vorkehren, namentlich die Zustimmung zu einem Rechtsgeschäft erteilen;
2. einer Drittperson für einzelne Aufgaben einen Auftrag erteilen; oder
3. eine geeignete Person oder Stelle bezeichnen, der für bestimmte Bereiche Einblick und Auskunft zu geben sind.

Zweiter Unterabschnitt: Die Arten von Beistandschaften

Art. 393

A. Begleitbeistandschaft

¹ Eine Begleitbeistandschaft wird mit Zustimmung der hilfsbedürftigen Person errichtet, wenn diese für die Erledigung bestimmter Angelegenheiten begleitende Unterstützung braucht.

² Die Begleitbeistandschaft schränkt die Handlungsfähigkeit der betroffenen Person nicht ein.

Art. 394

¹ Eine Vertretungsbeistandschaft wird errichtet, wenn die hilfsbedürftige Person bestimmte Angelegenheiten nicht erledigen kann und deshalb vertreten werden muss.

² Die Erwachsenenschutzbehörde kann die Handlungsfähigkeit der betroffenen Person entsprechend einschränken.

³ Auch wenn die Handlungsfähigkeit nicht eingeschränkt ist, muss die betroffene Person sich die Handlungen des Beistands oder der Beiständin anrechnen oder gefallen lassen.

B. Vertretungsbeistandschaft
I. Im Allgemeinen

Art. 395

¹ Errichtet die Erwachsenenschutzbehörde eine Vertretungsbeistandschaft für die Vermögensverwaltung, so bestimmt sie die Vermögenswerte, die vom Beistand oder von der Beiständin verwaltet werden sollen. Sie kann Teile des Einkommens oder das gesamte Einkommen, Teile des Vermögens oder das gesamte Vermögen oder das gesamte Einkommen und Vermögen unter die Verwaltung stellen.

² Die Verwaltungsbefugnisse umfassen auch die Ersparnisse aus dem verwalteten Einkommen oder die Erträge des verwalteten Vermögens, wenn die Erwachsenenschutzbehörde nichts anderes verfügt.

³ Ohne die Handlungsfähigkeit der betroffenen Person einzuschränken, kann ihr die Erwachsenenschutzbehörde den Zugriff auf einzelne Vermögenswerte entziehen.

⁴ Untersagt die Erwachsenenschutzbehörde der betroffenen Person, über ein Grundstück zu verfügen, so lässt sie dies im Grundbuch anmerken.

II. Vermögensverwaltung

Art. 396

¹ Eine Mitwirkungsbeistandschaft wird errichtet, wenn bestimmte Handlungen der hilfsbedürftigen Person zu deren Schutz der Zustimmung des Beistands oder der Beiständin bedürfen.

² Die Handlungsfähigkeit der betroffenen Person wird von Gesetzes wegen entsprechend eingeschränkt.

C. Mitwirkungsbeistandschaft

Art. 397

Die Begleit-, die Vertretungs- und die Mitwirkungsbeistandschaft können miteinander kombiniert werden.

D. Kombination von Beistandschaften

Art. 398

E. Umfassende Beistandschaft

¹ Eine umfassende Beistandschaft wird errichtet, wenn eine Person, namentlich wegen dauernder Urteilsunfähigkeit, besonders hilfsbedürftig ist.
² Sie bezieht sich auf alle Angelegenheiten der Personensorge, der Vermögenssorge und des Rechtsverkehrs.
³ Die Handlungsfähigkeit der betroffenen Person entfällt von Gesetzes wegen.

Dritter Unterabschnitt: Ende der Beistandschaft

Art. 399

¹ Die Beistandschaft endet von Gesetzes wegen mit dem Tod der betroffenen Person.
² Die Erwachsenenschutzbehörde hebt eine Beistandschaft auf Antrag der betroffenen oder einer nahestehenden Person oder von Amtes wegen auf, sobald für die Fortdauer kein Grund mehr besteht.

Vierter Unterabschnitt: Der Beistand oder die Beiständin

Art. 400

A. Ernennung
I. Allgemeine Voraussetzungen

¹ Die Erwachsenenschutzbehörde ernennt als Beistand oder Beiständin eine natürliche Person, die für die vorgesehenen Aufgaben persönlich und fachlich geeignet ist, die dafür erforderliche Zeit einsetzen kann und die Aufgaben selber wahrnimmt. Bei besonderen Umständen können mehrere Personen ernannt werden.
² Die ernannte Person ist verpflichtet, die Beistandschaft zu übernehmen, wenn nicht wichtige Gründe dagegen sprechen.
³ Die Erwachsenenschutzbehörde sorgt dafür, dass der Beistand oder die Beiständin die erforderliche Instruktion, Beratung und Unterstützung erhält.

Art. 401
¹ Schlägt die betroffene Person eine Vertrauensperson als Beistand oder Beiständin vor, so entspricht die Erwachsenenschutzbehörde ihrem Wunsch, wenn die vorgeschlagene Person für die Beistandschaft geeignet und zu deren Übernahme bereit ist.
² Sie berücksichtigt, soweit tunlich, Wünsche der Angehörigen oder anderer nahestehender Personen.
³ Lehnt die betroffene Person eine bestimmte Person als Beistand oder Beiständin ab, so entspricht die Erwachsenenschutzbehörde, soweit tunlich, diesem Wunsch.

II. Wünsche der betroffenen Person oder ihr nahestehender Personen

Art. 402
¹ Überträgt die Erwachsenenschutzbehörde eine Beistandschaft mehreren Personen, so legt sie fest, ob das Amt gemeinsam ausgeübt wird oder wer für welche Aufgaben zuständig ist.
² Die gemeinsame Führung einer Beistandschaft wird mehreren Personen nur mit ihrem Einverständnis übertragen.

III. Übertragung des Amtes auf mehrere Personen

Art. 403
¹ Ist der Beistand oder die Beiständin am Handeln verhindert oder widersprechen die Interessen des Beistands oder der Beiständin in einer Angelegenheit denjenigen der betroffenen Person, so ernennt die Erwachsenenschutzbehörde einen Ersatzbeistand oder eine Ersatzbeiständin oder regelt diese Angelegenheit selber.
² Bei Interessenkollision entfallen von Gesetzes wegen die Befugnisse des Beistands oder der Beiständin in der entsprechenden Angelegenheit.

B. Verhinderung und Interessenkollision

Art. 404
¹ Der Beistand oder die Beiständin hat Anspruch auf eine angemessene Entschädigung und auf Ersatz der notwendigen Spesen aus dem Vermögen der betroffenen Person. Bei einem Berufsbeistand oder einer Berufsbeiständin fallen die Entschädigung und der Spesenersatz an den Arbeitgeber.
² Die Erwachsenenschutzbehörde legt die Höhe der Entschädigung fest. Sie berücksichtigt dabei insbesondere den Umfang und die Komplexität der dem Beistand oder der Beiständin übertragenen Aufgaben.

C. Entschädigung und Spesen

³ Die Kantone erlassen Ausführungsbestimmungen und regeln die Entschädigung und den Spesenersatz, wenn diese nicht aus dem Vermögen der betroffenen Person bezahlt werden können.

Fünfter Unterabschnitt: Die Führung der Beistandschaft

Art. 405

A. Übernahme des Amtes

¹ Der Beistand oder die Beiständin verschafft sich die zur Erfüllung der Aufgaben nötigen Kenntnisse und nimmt persönlich mit der betroffenen Person Kontakt auf.
² Umfasst die Beistandschaft die Vermögensverwaltung, so nimmt der Beistand oder die Beiständin in Zusammenarbeit mit der Erwachsenenschutzbehörde unverzüglich ein Inventar der zu verwaltenden Vermögenswerte auf.
³ Wenn die Umstände es rechtfertigen, kann die Erwachsenenschutzbehörde die Aufnahme eines öffentlichen Inventars anordnen. Dieses hat für die Gläubiger die gleiche Wirkung wie das öffentliche Inventar des Erbrechts.
⁴ Dritte sind verpflichtet, alle für die Aufnahme des Inventars erforderlichen Auskünfte zu erteilen.

Art. 406

B. Verhältnis zur betroffenen Person

¹ Der Beistand oder die Beiständin erfüllt die Aufgaben im Interesse der betroffenen Person, nimmt, soweit tunlich, auf deren Meinung Rücksicht und achtet deren Willen, das Leben entsprechend ihren Fähigkeiten nach eigenen Wünschen und Vorstellungen zu gestalten.
² Der Beistand oder die Beiständin strebt danach, ein Vertrauensverhältnis mit der betroffenen Person aufzubauen und den Schwächezustand zu lindern oder eine Verschlimmerung zu verhüten.

Art. 407

C. Eigenes Handeln der betroffenen Person

Die urteilsfähige betroffene Person kann, auch wenn ihr die Handlungsfähigkeit entzogen worden ist, im Rahmen des Personenrechts durch eigenes Handeln Rechte und Pflichten begründen und höchstpersönliche Rechte ausüben.

Art. 408
¹ Der Beistand oder die Beiständin verwaltet die Vermögenswerte sorgfältig und nimmt alle Rechtsgeschäfte vor, die mit der Verwaltung zusammenhängen.

² Insbesondere kann der Beistand oder die Beiständin:
 1. mit befreiender Wirkung die von Dritten geschuldete Leistung für die betroffene Person entgegennehmen;
 2. soweit angezeigt Schulden bezahlen;
 3. die betroffene Person nötigenfalls für die laufenden Bedürfnisse vertreten.

³ Der Bundesrat erlässt Bestimmungen über die Anlage und die Aufbewahrung des Vermögens.

D. Vermögensverwaltung
I. Aufgaben

Art. 409
Der Beistand oder die Beiständin stellt der betroffenen Person aus deren Vermögen angemessene Beträge zur freien Verfügung.

II. Beträge zur freien Verfügung

Art. 410
¹ Der Beistand oder die Beiständin führt Rechnung und legt sie der Erwachsenenschutzbehörde in den von ihr angesetzten Zeitabständen, mindestens aber alle zwei Jahre, zur Genehmigung vor.

² Der Beistand oder die Beiständin erläutert der betroffenen Person die Rechnung und gibt ihr auf Verlangen eine Kopie.

III. Rechnung

Art. 411
¹ Der Beistand oder die Beiständin erstattet der Erwachsenenschutzbehörde so oft wie nötig, mindestens aber alle zwei Jahre, einen Bericht über die Lage der betroffenen Person und die Ausübung der Beistandschaft.

² Der Beistand oder die Beiständin zieht bei der Erstellung des Berichts die betroffene Person, soweit tunlich, bei und gibt ihr auf Verlangen eine Kopie.

E. Berichterstattung

Art. 412
¹ Der Beistand oder die Beiständin darf in Vertretung der betroffenen Person keine Bürgschaften eingehen, keine Stiftungen errichten und keine Schenkungen vornehmen, mit Ausnahme der üblichen Gelegenheitsgeschenke.

F. Besondere Geschäfte

² Vermögenswerte, die für die betroffene Person oder für ihre Familie einen besonderen Wert haben, werden wenn immer möglich nicht veräussert.

Art. 413

G. Sorgfalts- und Verschwiegenheitspflicht

¹ Der Beistand oder die Beiständin hat bei der Erfüllung der Aufgaben die gleiche Sorgfaltspflicht wie eine beauftragte Person nach den Bestimmungen des Obligationenrechts.
² Der Beistand oder die Beiständin ist zur Verschwiegenheit verpflichtet, soweit nicht überwiegende Interessen entgegenstehen.
³ Dritte sind über die Beistandschaft zu orientieren, soweit dies zur gehörigen Erfüllung der Aufgaben des Beistands oder der Beiständin erforderlich ist.

Art. 414

H. Änderung der Verhältnisse

Der Beistand oder die Beiständin informiert die Erwachsenenschutzbehörde unverzüglich über Umstände, die eine Änderung der Massnahme erfordern oder eine Aufhebung der Beistandschaft ermöglichen.

Sechster Unterabschnitt: Die Mitwirkung der Erwachsenenschutzbehörde

Art. 415

A. Prüfung der Rechnung und des Berichts

¹ Die Erwachsenenschutzbehörde prüft die Rechnung und erteilt oder verweigert die Genehmigung; wenn nötig, verlangt sie eine Berichtigung.
² Sie prüft den Bericht und verlangt, wenn nötig, dessen Ergänzung.
³ Sie trifft nötigenfalls Massnahmen, die zur Wahrung der Interessen der betroffenen Person angezeigt sind.

Art. 416

B. Zustimmungsbedürftige Geschäfte
I. Von Gesetzes wegen

¹ Für folgende Geschäfte, die der Beistand oder die Beiständin in Vertretung der betroffenen Person vornimmt, ist die Zustimmung der Erwachsenenschutzbehörde erforderlich:
   1. Liquidation des Haushalts, Kündigung des Vertrags über Räumlichkeiten, in denen die betroffene Person wohnt;
   2. Dauerverträge über die Unterbringung der betroffenen Person;

3. Annahme oder Ausschlagung einer Erbschaft, wenn dafür eine ausdrückliche Erklärung erforderlich ist, sowie Erbverträge und Erbteilungsverträge;
4. Erwerb, Veräusserung, Verpfändung und andere dingliche Belastung von Grundstücken sowie Erstellen von Bauten, das über ordentliche Verwaltungshandlungen hinausgeht;
5. Erwerb, Veräusserung und Verpfändung anderer Vermögenswerte sowie Errichtung einer Nutzniessung daran, wenn diese Geschäfte nicht unter die Führung der ordentlichen Verwaltung und Bewirtschaftung fallen;
6. Aufnahme und Gewährung von erheblichen Darlehen, Eingehung von wechselrechtlichen Verbindlichkeiten;
7. Leibrenten- und Verpfründungsverträge sowie Lebensversicherungen, soweit diese nicht im Rahmen der beruflichen Vorsorge mit einem Arbeitsvertrag zusammenhängen;
8. Übernahme oder Liquidation eines Geschäfts, Eintritt in eine Gesellschaft mit persönlicher Haftung oder erheblicher Kapitalbeteiligung;
9. Erklärung der Zahlungsunfähigkeit, Prozessführung, Abschluss eines Vergleichs, eines Schiedsvertrags oder eines Nachlassvertrags, unter Vorbehalt vorläufiger Massnahmen des Beistands oder der Beiständin in dringenden Fällen.

^{2} Die Zustimmung der Erwachsenenschutzbehörde ist nicht erforderlich, wenn die urteilsfähige betroffene Person ihr Einverständnis erteilt und ihre Handlungsfähigkeit durch die Beistandschaft nicht eingeschränkt ist.

^{3} Immer der Zustimmung der Erwachsenenschutzbehörde bedürfen Verträge zwischen dem Beistand oder der Beiständin und der betroffenen Person, ausser diese erteilt einen unentgeltlichen Auftrag.

Art. 417

Die Erwachsenenschutzbehörde kann aus wichtigen Gründen anordnen, dass ihr weitere Geschäfte zur Zustimmung unterbreitet werden.

II. Auf Anordnung

Art. 418

Ist ein Geschäft ohne die erforderliche Zustimmung der Erwachsenenschutzbehörde abgeschlossen worden, so hat es für die betroffene Person nur die Wirkung, die nach der Bestimmung des Personenrechts über das Fehlen der Zustimmung des gesetzlichen Vertreters vorgesehen ist.

III. Fehlen der Zustimmung

Siebter Unterabschnitt: Einschreiten der Erwachsenenschutzbehörde

Art. 419
Gegen Handlungen oder Unterlassungen des Beistands oder der Beiständin sowie einer Drittperson oder Stelle, der die Erwachsenenschutzbehörde einen Auftrag erteilt hat, kann die betroffene oder eine ihr nahestehende Person und jede Person, die ein rechtlich geschütztes Interesse hat, die Erwachsenenschutzbehörde anrufen.

Achter Unterabschnitt: Besondere Bestimmungen für Angehörige

Art. 420
Werden der Ehegatte, die eingetragene Partnerin oder der eingetragene Partner, die Eltern, ein Nachkomme, ein Geschwister, die faktische Lebenspartnerin oder der faktische Lebenspartner der betroffenen Person als Beistand oder Beiständin eingesetzt, so kann die Erwachsenenschutzbehörde sie von der Inventarpflicht, der Pflicht zur periodischen Berichterstattung und Rechnungsablage und der Pflicht, für bestimmte Geschäfte die Zustimmung einzuholen, ganz oder teilweise entbinden, wenn die Umstände es rechtfertigen.

Neunter Unterabschnitt: Das Ende des Amtes des Beistands oder der Beiständin

Art. 421

A. Von Gesetzes wegen

Das Amt des Beistands oder der Beiständin endet von Gesetzes wegen:
1. mit Ablauf einer von der Erwachsenenschutzbehörde festgelegten Amtsdauer, sofern keine Bestätigung im Amt erfolgt;
2. mit dem Ende der Beistandschaft;
3. mit dem Ende des Arbeitsverhältnisses als Berufsbeistand oder Berufsbeiständin;
4. im Zeitpunkt, in dem der Beistand oder die Beiständin verbeiständet oder urteilsunfähig wird oder stirbt.

Art. 422

¹ Der Beistand oder die Beiständin hat frühestens nach vier Jahren Amtsdauer Anspruch auf Entlassung.

² Vorher kann der Beistand oder die Beiständin die Entlassung aus wichtigen Gründen verlangen.

B. Entlassung
I. Auf Begehren des Beistands oder der Beiständin

Art. 423

¹ Die Erwachsenenschutzbehörde entlässt den Beistand oder die Beiständin, wenn:
1. die Eignung für die Aufgaben nicht mehr besteht;
2. ein anderer wichtiger Grund für die Entlassung vorliegt.

² Die Entlassung kann von der betroffenen oder einer ihr nahestehenden Person beantragt werden.

II. Übrige Fälle

Art. 424

Der Beistand oder die Beiständin ist verpflichtet, nicht aufschiebbare Geschäfte weiterzuführen, bis der Nachfolger oder die Nachfolgerin das Amt übernimmt, sofern die Erwachsenenschutzbehörde nichts anderes anordnet. Diese Bestimmung gilt nicht für den Berufsbeistand oder die Berufsbeiständin.

C. Weiterführung der Geschäfte

Art. 425

¹ Endet das Amt, so erstattet der Beistand oder die Beiständin der Erwachsenenschutzbehörde den Schlussbericht und reicht gegebenenfalls die Schlussrechnung ein. Die Erwachsenenschutzbehörde kann den Berufsbeistand oder die Berufsbeiständin von dieser Pflicht entbinden, wenn das Arbeitsverhältnis endet.

² Die Erwachsenenschutzbehörde prüft und genehmigt den Schlussbericht und die Schlussrechnung auf die gleiche Weise wie die periodischen Berichte und Rechnungen.

³ Sie stellt den Schlussbericht und die Schlussrechnung der betroffenen Person oder deren Erben und gegebenenfalls der neuen Beiständin oder dem neuen Beistand zu und weist diese Personen gleichzeitig auf die Bestimmungen über die Verantwortlichkeit hin.

⁴ Sie teilt ihnen zudem mit, ob sie den Beistand oder die Beiständin entlastet oder die Genehmigung des Schlussberichts oder der Schlussrechnung verweigert hat.

D. Schlussbericht und Schlussrechnung

Dritter Abschnitt: Die fürsorgerische Unterbringung

Art. 426

A. Die Massnahmen
I. Unterbringung zur Behandlung oder Betreuung

¹ Eine Person, die an einer psychischen Störung oder an geistiger Behinderung leidet oder schwer verwahrlost ist, darf in einer geeigneten Einrichtung untergebracht werden, wenn die nötige Behandlung oder Betreuung nicht anders erfolgen kann.

² Die Belastung und der Schutz von Angehörigen und Dritten sind zu berücksichtigen.

³ Die betroffene Person wird entlassen, sobald die Voraussetzungen für die Unterbringung nicht mehr erfüllt sind.

⁴ Die betroffene oder eine ihr nahestehende Person kann jederzeit um Entlassung ersuchen. Über dieses Gesuch ist ohne Verzug zu entscheiden.

Art. 427

II. Zurückbehaltung freiwillig Eingetretener

¹ Will eine Person, die an einer psychischen Störung leidet und freiwillig in eine Einrichtung eingetreten ist, diese wieder verlassen, so kann sie von der ärztlichen Leitung der Einrichtung für höchstens drei Tage zurückbehalten werden, wenn sie:
  1. sich selbst an Leib und Leben gefährdet; oder
  2. das Leben oder die körperliche Integrität Dritter ernsthaft gefährdet.

² Nach Ablauf der Frist kann die betroffene Person die Einrichtung verlassen, wenn nicht ein vollstreckbarer Unterbringungsentscheid vorliegt.

³ Die betroffene Person wird schriftlich darauf aufmerksam gemacht, dass sie das Gericht anrufen kann.

Art. 428

B. Zuständigkeit für die Unterbringung und die Entlassung
I. Erwachsenenschutzbehörde

¹ Für die Anordnung der Unterbringung und die Entlassung ist die Erwachsenenschutzbehörde zuständig.

² Sie kann im Einzelfall die Zuständigkeit für die Entlassung der Einrichtung übertragen.

Art. 429

II. Ärztinnen und Ärzte
1. Zuständigkeit

¹ Die Kantone können Ärzte und Ärztinnen bezeichnen, die neben der Erwachsenenschutzbehörde eine Unterbringung während einer vom kantonalen Recht festgelegten Dauer anordnen dürfen. Die Dauer darf höchstens sechs Wochen betragen.

² Die ärztliche Unterbringung fällt spätestens nach Ablauf der festgelegten Dauer dahin, sofern nicht ein vollstreckbarer Unterbringungsentscheid der Erwachsenenschutzbehörde vorliegt.
³ Über die Entlassung entscheidet die Einrichtung.

Art. 430
¹ Die Ärztin oder der Arzt untersucht persönlich die betroffene Person und hört sie an.   2. Verfahren
² Der Unterbringungsentscheid enthält mindestens folgende Angaben:
    1. Ort und Datum der Untersuchung;
    2. Name der Ärztin oder des Arztes;
    3. Befund, Gründe und Zweck der Unterbringung;
    4. die Rechtsmittelbelehrung.
³ Das Rechtsmittel hat keine aufschiebende Wirkung, sofern die Ärztin oder der Arzt oder das zuständige Gericht nichts anderes verfügt.
⁴ Ein Exemplar des Unterbringungsentscheids wird der betroffenen Person ausgehändigt; ein weiteres Exemplar wird der Einrichtung bei der Aufnahme der betroffenen Person vorgelegt.
⁵ Die Ärztin oder der Arzt informiert, sofern möglich, eine der betroffenen Person nahestehende Person schriftlich über die Unterbringung und die Befugnis, das Gericht anzurufen.

Art. 431
¹ Die Erwachsenenschutzbehörde überprüft spätestens sechs Monate nach Beginn der Unterbringung, ob die Voraussetzungen noch erfüllt sind und ob die Einrichtung weiterhin geeignet ist.   C. Periodische Überprüfung
² Sie führt innerhalb von weiteren sechs Monaten eine zweite Überprüfung durch. Anschliessend führt sie die Überprüfung so oft wie nötig, mindestens aber jährlich durch.

Art. 432
Jede Person, die in einer Einrichtung untergebracht wird, kann eine Person ihres Vertrauens beiziehen, die sie während des Aufenthalts und bis zum Abschluss aller damit zusammenhängenden Verfahren unterstützt.   D. Vertrauensperson

Art. 433

E. Medizinische Massnahmen bei einer psychischen Störung
I. Behandlungsplan

¹ Wird eine Person zur Behandlung einer psychischen Störung in einer Einrichtung untergebracht, so erstellt die behandelnde Ärztin oder der behandelnde Arzt unter Beizug der betroffenen Person und gegebenenfalls ihrer Vertrauensperson einen schriftlichen Behandlungsplan.

² Die Ärztin oder der Arzt informiert die betroffene Person und deren Vertrauensperson über alle Umstände, die im Hinblick auf die in Aussicht genommenen medizinischen Massnahmen wesentlich sind, insbesondere über deren Gründe, Zweck, Art, Modalitäten, Risiken und Nebenwirkungen, über Folgen eines Unterlassens der Behandlung sowie über allfällige alternative Behandlungsmöglichkeiten.

³ Der Behandlungsplan wird der betroffenen Person zur Zustimmung unterbreitet. Bei einer urteilsunfähigen Person ist eine allfällige Patientenverfügung zu berücksichtigen.

⁴ Der Behandlungsplan wird der laufenden Entwicklung angepasst.

Art. 434

II. Behandlung ohne Zustimmung

¹ Fehlt die Zustimmung der betroffenen Person, so kann die Chefärztin oder der Chefarzt der Abteilung die im Behandlungsplan vorgesehenen medizinischen Massnahmen schriftlich anordnen, wenn:
  1. ohne Behandlung der betroffenen Person ein ernsthafter gesundheitlicher Schaden droht oder das Leben oder die körperliche Integrität Dritter ernsthaft gefährdet ist;
  2. die betroffene Person bezüglich ihrer Behandlungsbedürftigkeit urteilsunfähig ist; und
  3. keine angemessene Massnahme zur Verfügung steht, die weniger einschneidend ist.

² Die Anordnung wird der betroffenen Person und ihrer Vertrauensperson verbunden mit einer Rechtsmittelbelehrung schriftlich mitgeteilt.

Art. 435

III. Notfälle

¹ In einer Notfallsituation können die zum Schutz der betroffenen Person oder Dritter unerlässlichen medizinischen Massnahmen sofort ergriffen werden.

² Ist der Einrichtung bekannt, wie die Person behandelt werden will, so wird deren Wille berücksichtigt.

Art. 436
¹ Besteht eine Rückfallgefahr, so versucht die behandelnde Ärztin oder der behandelnde Arzt mit der betroffenen Person vor deren Entlassung Behandlungsgrundsätze für den Fall einer erneuten Unterbringung in der Einrichtung zu vereinbaren.
² Das Austrittsgespräch ist zu dokumentieren.

IV. Austrittsgespräch

Art. 437
¹ Die Kantone regeln die Nachbetreuung.
² Sie können ambulante Massnahmen vorsehen.

V. Kantonales Recht

Art. 438
Auf Massnahmen, die die Bewegungsfreiheit der betroffenen Personen in der Einrichtung einschränken, sind die Bestimmungen über die Einschränkung der Bewegungsfreiheit in Wohn- oder Pflegeeinrichtungen sinngemäss anwendbar. Vorbehalten bleibt die Anrufung des Gerichts.

F. Massnahmen zur Einschränkung der Bewegungsfreiheit

Art. 439
¹ Die betroffene oder eine ihr nahestehende Person kann in folgenden Fällen schriftlich das zuständige Gericht anrufen:
  1. bei ärztlich angeordneter Unterbringung;
  2. bei Zurückbehaltung durch die Einrichtung;
  3. bei Abweisung eines Entlassungsgesuchs durch die Einrichtung;
  4. bei Behandlung einer psychischen Störung ohne Zustimmung;
  5. bei Massnahmen zur Einschränkung der Bewegungsfreiheit.
² Die Frist zur Anrufung des Gerichts beträgt zehn Tage seit Mitteilung des Entscheids. Bei Massnahmen zur Einschränkung der Bewegungsfreiheit kann das Gericht jederzeit angerufen werden.
³ Das Verfahren richtet sich sinngemäss nach den Bestimmungen über das Verfahren vor der gerichtlichen Beschwerdeinstanz.
⁴ Jedes Begehren um gerichtliche Beurteilung ist unverzüglich an das zuständige Gericht weiterzuleiten.

G. Anrufung des Gerichts

Zwölfter Titel: Organisation
Erster Abschnitt: Behörden und örtliche Zuständigkeit

Art. 440

A. Erwachsenenschutzbehörde

¹ Die Erwachsenenschutzbehörde ist eine Fachbehörde. Sie wird von den Kantonen bestimmt.

² Sie fällt ihre Entscheide mit mindestens drei Mitgliedern. Die Kantone können für bestimmte Geschäfte Ausnahmen vorsehen.

³ Sie hat auch die Aufgaben der Kindesschutzbehörde.

Art. 441

B. Aufsichtsbehörde

¹ Die Kantone bestimmen die Aufsichtsbehörden.

² Der Bundesrat kann Bestimmungen über die Aufsicht erlassen.

Art. 442

C. Örtliche Zuständigkeit

¹ Zuständig ist die Erwachsenenschutzbehörde am Wohnsitz der betroffenen Person. Ist ein Verfahren rechtshängig, so bleibt die Zuständigkeit bis zu dessen Abschluss auf jeden Fall erhalten.

² Ist Gefahr im Verzug, so ist auch die Behörde am Ort zuständig, wo sich die betroffene Person aufhält. Trifft diese Behörde eine Massnahme, so benachrichtigt sie die Wohnsitzbehörde.

³ Für eine Beistandschaft wegen Abwesenheit ist auch die Behörde des Ortes zuständig, wo das Vermögen in seinem Hauptbestandteil verwaltet worden oder der betroffenen Person zugefallen ist.

⁴ Die Kantone sind berechtigt, für ihre Bürgerinnen und Bürger, die Wohnsitz im Kanton haben, statt der Wohnsitzbehörde die Behörde des Heimatortes zuständig zu erklären, sofern auch die Unterstützung bedürftiger Personen ganz oder teilweise der Heimatgemeinde obliegt.

⁵ Wechselt eine Person, für die eine Massnahme besteht, ihren Wohnsitz, so übernimmt die Behörde am neuen Ort die Massnahme ohne Verzug, sofern keine wichtigen Gründe dagegen sprechen.

Zweiter Abschnitt: Verfahren
Erster Unterabschnitt: Vor der Erwachsenenschutzbehörde

Art. 443
¹ Jede Person kann der Erwachsenenschutzbehörde Meldung erstatten, wenn eine Person hilfsbedürftig erscheint. Vorbehalten bleiben die Bestimmungen über das Berufsgeheimnis.
² Wer in amtlicher Tätigkeit von einer solchen Person erfährt, ist meldepflichtig. Die Kantone können weitere Meldepflichten vorsehen.

A. Melderechte und -pflichten

Art. 444
¹ Die Erwachsenenschutzbehörde prüft ihre Zuständigkeit von Amtes wegen.
² Hält sie sich nicht für zuständig, so überweist sie die Sache unverzüglich der Behörde, die sie als zuständig erachtet.
³ Zweifelt sie an ihrer Zuständigkeit, so pflegt sie einen Meinungsaustausch mit der Behörde, deren Zuständigkeit in Frage kommt.
⁴ Kann im Meinungsaustausch keine Einigung erzielt werden, so unterbreitet die zuerst befasste Behörde die Frage ihrer Zuständigkeit der gerichtlichen Beschwerdeinstanz.

B. Prüfung der Zuständigkeit

Art. 445
¹ Die Erwachsenenschutzbehörde trifft auf Antrag einer am Verfahren beteiligten Person oder von Amtes wegen alle für die Dauer des Verfahrens notwendigen vorsorglichen Massnahmen. Sie kann insbesondere eine Massnahme des Erwachsenenschutzes vorsorglich anordnen.
² Bei besonderer Dringlichkeit kann sie vorsorgliche Massnahmen sofort ohne Anhörung der am Verfahren beteiligten Personen treffen. Gleichzeitig gibt sie diesen Gelegenheit zur Stellungnahme; anschliessend entscheidet sie neu.
³ Gegen Entscheide über vorsorgliche Massnahmen kann innert zehn Tagen nach deren Mitteilung Beschwerde erhoben werden.

C. Vorsorgliche Massnahmen

Art. 446
¹ Die Erwachsenenschutzbehörde erforscht den Sachverhalt von Amtes wegen.

D. Verfahrensgrundsätze

² Sie zieht die erforderlichen Erkundigungen ein und erhebt die notwendigen Beweise. Sie kann eine geeignete Person oder Stelle mit Abklärungen beauftragen. Nötigenfalls ordnet sie das Gutachten einer sachverständigen Person an.

³ Sie ist nicht an die Anträge der am Verfahren beteiligten Personen gebunden.

⁴ Sie wendet das Recht von Amtes wegen an.

Art. 447

E. Anhörung

¹ Die betroffene Person wird persönlich angehört, soweit dies nicht als unverhältnismässig erscheint.

² Im Fall einer fürsorgerischen Unterbringung hört die Erwachsenenschutzbehörde die betroffene Person in der Regel als Kollegium an.

Art. 448

F. Mitwirkungspflichten und Amtshilfe

¹ Die am Verfahren beteiligten Personen und Dritte sind zur Mitwirkung bei der Abklärung des Sachverhalts verpflichtet. Die Erwachsenenschutzbehörde trifft die zur Wahrung schutzwürdiger Interessen erforderlichen Anordnungen. Nötigenfalls ordnet sie die zwangsweise Durchsetzung der Mitwirkungspflicht an.

² Ärztinnen und Ärzte, Zahnärztinnen und Zahnärzte, Apothekerinnen und Apotheker und Hebammen sowie ihre Hilfspersonen sind nur dann zur Mitwirkung verpflichtet, wenn die geheimnisberechtigte Person sie dazu ermächtigt hat oder die vorgesetzte Stelle sie auf Gesuch der Erwachsenenschutzbehörde vom Berufsgeheimnis entbunden hat.

³ Nicht zur Mitwirkung verpflichtet sind Geistliche, Rechtsanwältinnen und Rechtsanwälte, Verteidigerinnen und Verteidiger, Mediatorinnen und Mediatoren sowie ehemalige Beiständinnen und Beistände, die für das Verfahren ernannt wurden.

⁴ Verwaltungsbehörden und Gerichte geben die notwendigen Akten heraus, erstatten Bericht und erteilen Auskünfte, soweit nicht schutzwürdige Interessen entgegenstehen.

Art. 449

G. Begutachtung in einer Einrichtung

¹ Ist eine psychiatrische Begutachtung unerlässlich und kann diese nicht ambulant durchgeführt werden, so weist die Erwachsenenschutzbehörde die betroffene Person zur Begutachtung in eine geeignete Einrichtung ein.

² Die Bestimmungen über das Verfahren bei fürsorgerischer Unterbringung sind sinngemäss anwendbar.

Art. 449a
Die Erwachsenenschutzbehörde ordnet wenn nötig die Vertretung der betroffenen Person an und bezeichnet als Beistand oder Beiständin eine in fürsorgerischen und rechtlichen Fragen erfahrene Person. H. Anordnung einer Vertretung

Art. 449b
¹ Die am Verfahren beteiligten Personen haben Anspruch auf Akteneinsicht, soweit nicht überwiegende Interessen entgegenstehen. I. Akteneinsicht
² Wird einer am Verfahren beteiligten Person die Einsichtnahme in ein Aktenstück verweigert, so wird auf dieses nur abgestellt, wenn ihr die Behörde von seinem für die Sache wesentlichen Inhalt mündlich oder schriftlich Kenntnis gegeben hat.

Art. 449c
Die Erwachsenenschutzbehörde macht dem Zivilstandsamt Mitteilung, wenn: J. Mitteilungspflicht
1. sie eine Person wegen dauernder Urteilsunfähigkeit unter umfassende Beistandschaft stellt;
2. für eine dauernd urteilsunfähige Person ein Vorsorgeauftrag wirksam wird.

Zweiter Unterabschnitt: Vor der gerichtlichen Beschwerdeinstanz

Art. 450
¹ Gegen Entscheide der Erwachsenenschutzbehörde kann Beschwerde beim zuständigen Gericht erhoben werden. A. Beschwerdeobjekt und Beschwerdebefugnis
² Zur Beschwerde befugt sind:
1. die am Verfahren beteiligten Personen;
2. die der betroffenen Person nahestehenden Personen;
3. Personen, die ein rechtlich geschütztes Interesse an der Aufhebung oder Änderung des angefochtenen Entscheids haben.

³ Die Beschwerde ist beim Gericht schriftlich und begründet einzureichen.

Art. 450a

B. Beschwerdegründe

¹ Mit der Beschwerde kann gerügt werden:
1. Rechtsverletzung;
2. unrichtige oder unvollständige Feststellung des rechtserheblichen Sachverhalts;
3. Unangemessenheit.

² Ferner kann wegen Rechtsverweigerung und Rechtsverzögerung Beschwerde geführt werden.

Art. 450b

C. Beschwerdefrist

¹ Die Beschwerdefrist beträgt dreissig Tage seit Mitteilung des Entscheids. Diese Frist gilt auch für beschwerdeberechtigte Personen, denen der Entscheid nicht mitgeteilt werden muss.

² Bei einem Entscheid auf dem Gebiet der fürsorgerischen Unterbringung beträgt die Beschwerdefrist zehn Tage seit Mitteilung des Entscheids.

³ Wegen Rechtsverweigerung und Rechtsverzögerung kann jederzeit Beschwerde geführt werden.

Art. 450c

D. Aufschiebende Wirkung

Die Beschwerde hat aufschiebende Wirkung, sofern die Erwachsenenschutzbehörde oder die gerichtliche Beschwerdeinstanz nichts anderes verfügt.

Art. 450d

E. Vernehmlassung der Vorinstanz und Wiedererwägung

¹ Die gerichtliche Beschwerdeinstanz gibt der Erwachsenenschutzbehörde Gelegenheit zur Vernehmlassung.

² Statt eine Vernehmlassung einzureichen, kann die Erwachsenenschutzbehörde den Entscheid in Wiedererwägung ziehen.

Art. 450e

F. Besondere Bestimmungen bei fürsorgerischer Unterbringung

¹ Die Beschwerde gegen einen Entscheid auf dem Gebiet der fürsorgerischen Unterbringung muss nicht begründet werden.

² Die Beschwerde hat keine aufschiebende Wirkung, sofern die Erwachsenenschutzbehörde oder die gerichtliche Beschwerdeinstanz nichts anderes verfügt.

³ Bei psychischen Störungen muss gestützt auf das Gutachten einer sachverständigen Person entschieden werden.

⁴ Die gerichtliche Beschwerdeinstanz hört die betroffene Person in der Regel als Kollegium an. Sie ordnet wenn nötig deren Vertretung an und bezeichnet als Beistand oder Beiständin eine in fürsorgerischen und rechtlichen Fragen erfahrene Person.
⁵ Sie entscheidet in der Regel innert fünf Arbeitstagen seit Eingang der Beschwerde.

Dritter Unterabschnitt: Gemeinsame Bestimmung

Art. 450f
Im Übrigen sind die Bestimmungen der Zivilprozessordnung sinngemäss anwendbar, soweit die Kantone nichts anderes bestimmen.

Vierter Unterabschnitt: Vollstreckung

Art. 450g
¹ Die Erwachsenenschutzbehörde vollstreckt die Entscheide auf Antrag oder von Amtes wegen.
² Hat die Erwachsenenschutzbehörde oder die gerichtliche Beschwerdeinstanz im Entscheid bereits Vollstreckungsmassnahmen angeordnet, so kann dieser direkt vollstreckt werden.
³ Die mit der Vollstreckung betraute Person kann nötigenfalls polizeiliche Hilfe beanspruchen. Unmittelbare Zwangsmassnahmen sind in der Regel vorgängig anzudrohen.

Dritter Abschnitt: Verhältnis zu Dritten und Zusammenarbeitspflicht

Art. 451
¹ Die Erwachsenenschutzbehörde ist zur Verschwiegenheit verpflichtet, soweit nicht überwiegende Interessen entgegenstehen.
² Wer ein Interesse glaubhaft macht, kann von der Erwachsenenschutzbehörde Auskunft über das Vorliegen und die Wirkungen einer Massnahme des Erwachsenenschutzes verlangen.

A. Verschwiegenheitspflicht- und Auskunft

Art. 452

B. Wirkung der Massnahmen gegenüber Dritten

¹ Eine Massnahme des Erwachsenenschutzes kann Dritten, auch wenn sie gutgläubig sind, entgegengehalten werden.

² Schränkt die Beistandschaft die Handlungsfähigkeit der betroffenen Person ein, so ist den Schuldnern mitzuteilen, dass ihre Leistung nur befreiende Wirkung hat, wenn sie diese dem Beistand oder der Beiständin erbringen. Vorher kann die Beistandschaft gutgläubigen Schuldnern nicht entgegengehalten werden.

³ Hat eine Person, für die eine Massnahme des Erwachsenenschutzes besteht, andere zur irrtümlichen Annahme ihrer Handlungsfähigkeit verleitet, so ist sie ihnen für den dadurch verursachten Schaden verantwortlich.

Art. 453

C. Zusammenarbeitspflicht

¹ Besteht die ernsthafte Gefahr, dass eine hilfsbedürftige Person sich selbst gefährdet oder ein Verbrechen oder Vergehen begeht, mit dem sie jemanden körperlich, seelisch oder materiell schwer schädigt, so arbeiten die Erwachsenenschutzbehörde, die betroffenen Stellen und die Polizei zusammen.

² Personen, die dem Amts- oder Berufsgeheimnis unterstehen, sind in einem solchen Fall berechtigt, der Erwachsenenschutzbehörde Mitteilung zu machen.

Vierter Abschnitt: Verantwortlichkeit

Art. 454

A. Grundsatz

¹ Wer im Rahmen der behördlichen Massnahmen des Erwachsenenschutzes durch widerrechtliches Handeln oder Unterlassen verletzt wird, hat Anspruch auf Schadenersatz und, sofern die Schwere der Verletzung es rechtfertigt, auf Genugtuung.

² Der gleiche Anspruch besteht, wenn sich die Erwachsenenschutzbehörde oder die Aufsichtsbehörde in den anderen Bereichen des Erwachsenenschutzes widerrechtlich verhalten hat.

³ Haftbar ist der Kanton; gegen die Person, die den Schaden verursacht hat, steht der geschädigten Person kein Ersatzanspruch zu.

⁴ Für den Rückgriff des Kantons auf die Person, die den Schaden verursacht hat, ist das kantonale Recht massgebend.

Art. 455
¹ Der Anspruch auf Schadenersatz oder Genugtuung verjährt ein Jahr nach dem Tag, an dem die geschädigte Person Kenntnis vom Schaden erhalten hat, jedenfalls aber zehn Jahre nach dem Tag der schädigenden Handlung.
² Wird der Anspruch aus einer strafbaren Handlung hergeleitet, für die das Strafrecht eine längere Verjährungsfrist vorschreibt, so gilt diese Frist.
³ Beruht die Verletzung auf der Anordnung oder Durchführung einer Dauermassnahme, so beginnt die Verjährung des Anspruchs gegenüber dem Kanton nicht vor dem Wegfall der Dauermassnahme oder ihrer Weiterführung durch einen anderen Kanton.

B. Verjährung

Art. 456
Die Haftung der vorsorgebeauftragten Person sowie diejenige des Ehegatten, der eingetragenen Partnerin oder des eingetragenen Partners einer urteilsunfähigen Person oder des Vertreters oder der Vertreterin bei medizinischen Massnahmen, soweit es sich nicht um den Beistand oder die Beiständin handelt, richtet sich nach den Bestimmungen des Obligationenrechts über den Auftrag.

C. Haftung nach Auftragsrecht

Vorlagen

 Die Vorlagen stehen auch online bereit unter www.beobachter.ch/download (Code 9995). Sie können sie herunterladen und bequem an Ihre Situation anpassen.

ANTRAG AUF EINE BEISTANDSCHAFT

Absender

Kindes- und Erwachsenenschutzbehörde
[Die richtige Adresse finden Sie unter www.kokes.ch, siehe Seite 197.]

Ort und Datum

Antrag auf eine Beistandschaft

Sehr geehrte Damen und Herren

Hiermit beantrage ich, dass für mich eine Beistandschaft errichtet wird. Der Grund für diesen Schritt ist, dass ich mich nicht mehr in der Lage fühle, ...
[Begründen Sie Ihren Wunsch.]

Ich bitte daher um Prüfung und Kontaktaufnahme. Ich bin am besten wie folgt erreichbar:
....
[Adresse, Telefonnummer, Zeiten der Anwesenheit]

Bitte nehmen Sie mit mir telefonisch [oder: schriftlich, persönlich] Kontakt auf.

Freundliche Grüsse
Unterschrift

■■■ ANHANG

 GEFÄHRDUNGSMELDUNG

Kindes- und Erwachsenenschutzbehörde
[Die richtige Adresse finden Sie unter www.kokes.ch, siehe Seite 197.]

Meldung über die Hilfsbedürftigkeit einer erwachsenen Person

Meldung von
Name, Vorname ....
Institution ....
Geburtsdatum ....
Adresse ....
Telefonnummer ....
E-Mail ....
Beziehung zur gefährdeten
Person oder ihrer Familie ....

Meldung betrifft [alle bekannten Angaben einsetzen]
Name, Vorname ....
Geburtsdatum ....
Adresse ....
Telefonnummer ....
E-Mail ....
Heimatort, Nationalität ....
Muttersprache ....

Angaben zu Ehemann, Ehefrau / Partner, Partnerin / andere nahestehende Personen
Name, Vorname ....
Geburtsdatum ....
Adresse ....
Telefonnummer ....
E-Mail ....
Heimatort, Nationalität ....
Muttersprache ....

Worin besteht die Gefährdung? [möglichst sachliche Beschreibung der Ereignisse und Beobachtungen mit Angaben zu Ort und Zeit]
....
....

Bemühungen, die unternommen wurden, um die Situation der hilfsbedürftigen Person zu verbessern:
....
....

Wurden nahestehende Personen über die Meldung informiert?
Partner, Partnerin ....
Andere nahestehende Person ....
Ehemann, Ehefrau ....

Aktueller Aufenthaltsort der hilfsbedürftigen Person
an Wohnadresse ....
anderer Ort [Adresse angeben] ....

Datum, Unterschrift

Quelle: Justiz-, Gemeinde- und Kirchendirektion des Kantons Bern

ANTRAG AUF AUFHEBUNG ODER ÄNDERUNG DER MASSNAHME

Absender

Einschreiben
Kindes- und Erwachsenenschutzbehörde
[Die richtige Adresse finden Sie unter www.kokes.ch, siehe Seite 197.]

Ort und Datum

Antrag auf Aufhebung [bzw. Änderung] **der bestehenden Massnahme**

Sehr geehrte Damen und Herren

Am x.y.20zz hat die Kindes- und Erwachsenenschutzbehörde eine Beistandschaft für mich errichtet. Ich bin der Ansicht, dass diese Massnahme nicht mehr nötig ist [oder: dass diese Massnahme angepasst werden muss].

Meinen Antrag begründe ich wie folgt: ....
[Schreiben Sie auf, was damals zur Errichtung der Beistandschaft führte und was sich in der Zwischenzeit verändert hat.]

Ich stelle daher folgenden Antrag: ....
[Notieren Sie: Was wollen Sie? Was wollen Sie nicht?]

Ich bitte Sie, meinen Antrag zu prüfen und mir Ihren Entscheid schriftlich sowie mit einer Rechtsmittelbelehrung zuzustellen.

Mit freundlichen Grüssen
Unterschrift

BESCHWERDE GEGEN DEN BEISTAND, DIE BEISTÄNDIN

Absender

Einschreiben
Kindes- und Erwachsenenschutzbehörde
[Die richtige Adresse finden Sie unter www.kokes.ch, siehe Seite 197.]

Ort und Datum

Beschwerde gegen meinen Beistand/meine Beiständin...
[Name und Adresse]

Sehr geehrte Damen und Herren

Ich stütze mich auf Art. 419 ZGB und reiche hiermit Beschwerde gegen meinen Beistand ein.

Ich gelange an Sie, weil die Differenzen im persönlichen Gespräch mit meinem Beistand nicht gelöst werden konnten. Es geht um folgende Situation: ....
[Beschreiben Sie, mit welchen Handlungen oder Unterlassungen Sie nicht einverstanden sind.]

Ich stelle deshalb folgenden Antrag: ....
[Notieren Sie: Was wollen Sie? Was wollen Sie nicht?]

Meine Beschwerde begründe ich wie folgt:..
[Schreiben Sie auf: Weshalb wollen Sie etwas? Weshalb wollen Sie etwas nicht?]

Ich bitte Sie, meine Beschwerde zu prüfen und mir Ihren Entscheid schriftlich sowie mit einer Rechtsmittelbelehrung zuzustellen. Falls die Beschwerde an den Voraussetzungen von Artikel 419 ZGB scheitern sollte, ist sie im Sinn einer Aufsichtsbeschwerde entgegenzunehmen.

Freundliche Grüsse
Unterschrift

BESCHWERDE GEGEN BEWEGUNGSEINSCHRÄNKENDE MASSNAHME ALS NAHESTEHENDER

Absender

Kindes- und Erwachsenenschutzbehörde
[Behörde am Ort der Errichtung der Massnahme; die Adresse finden Sie unter www.kokes.ch, siehe Seite 197.]

Sehr geehrte Damen und Herren

.... [Name des, der Betroffenen] befindet sich in der Wohn- oder Pflegeeinrichtung .... [Name und Ort der Einrichtung].

Am .... wurde seine Bewegungsfreiheit wie folgt eingeschränkt:
....
[Datum und Beschreibung der einschränkenden Massnahme]

Ich bitte Sie um sofortige Überprüfung der Situation, Aufhebung der bewegungseinschränkenden Massnahme und Information über den Vorfall an die Aufsichtsinstanz.

Freundliche Grüsse
Unterschrift

BESCHWERDE ANS GERICHT GEGEN EINE FÜRSORGERISCHE UNTERBRINGUNG UND MASSNAHMEN IM ZUSAMMENHANG DAMIT

Absender

Einschreiben
Gericht
[Die richtige Instanz finden Sie in der Übersicht auf Seite 199.]

Ort und Datum

Beschwerde gegen den Entscheid vom x.y.20zz

Sehr geehrte Damen und Herren

Gestützt auf Art. 439 ZGB erhebe ich innert zehn Tagen fristgerecht Beschwerde gegen die fürsorgerische Unterbringung. [Ausnahme: Beschwerden gegen bewegungseinschränkende Massnahmen sind jederzeit möglich.]

Ich bin nicht einverstanden mit:
- der ärztlichen Unterbringung vom x.y.20zz
- der Zurückbehaltung durch die Einrichtung vom x.y.20zz
- der Abweisung des Entlassungsgesuchs durch die Einrichtung vom x.y.20zz
- der ohne meine Zustimmung erfolgten medizinischen Behandlung vom x.y.20zz
- der Massnahme zur Beschränkung der Bewegungsfreiheit vom x.y.20zz

Ich stelle deshalb folgenden Antrag: ....
[Notieren Sie: Was wollen Sie? Was wollen Sie nicht? Der Antrag ist fakultativ, aber sinnvoll, wenn Sie es sich zutrauen, ihn zu formulieren.]

Ich bitte Sie, meine Beschwerde zu prüfen und mir Ihren Entscheid schriftlich sowie mit einer Rechtsmittelbelehrung zuzustellen.

Mit freundlichen Grüssen
Unterschrift

ANHANG

 BESCHWERDE GEGEN EINEN ENTSCHEID DER BEHÖRDE

Absender

Einschreiben
[Die richtige Adresse für Ihre Beschwerde finden Sie in der Verfügung bei der Rechtsmittelbelehrung.]

Ort und Datum

Beschwerde gegen den Entscheid vom x.y.20zz

Sehr geehrte Damen und Herren

Gestützt auf Art. 450 ff. ZGB erhebe ich innerhalb der vorgesehen Frist von 30 Tagen Beschwerde. Ich bin mit dem Entscheid der Kindes- und Erwachsenenschutzbehörde in .... vom x.y.20zz nicht einverstanden.

- Variante 1 bei Sofortmassnahmen:
  Gestützt auf Art. 445 ZGB erhebe ich innerhalb der vorgesehen Beschwerdefrist von zehn Tagen Beschwerde gegen die vorsorglichen Massnahmen der Kindes- und Erwachsenenschutzbehörde in ....

- Variante 2 bei fürsorgerischer Unterbringung durch die Kesb:
  Gestützt auf Art. 450 ff. ZGB erhebe ich innerhalb der gemäss Art. 450b Abs. 2 ZGB vorgesehenen zehntägigen Frist Beschwerde gegen die fürsorgerische Unterbringung durch ....
  vom x.y.20zz.

Meine Beschwerde begründe ich wie folgt: ....
[Schreiben Sie auf, um welche Rechtsverletzung, unrichtige oder unvollständige Feststellung es sich handelt oder weshalb der Entscheid unangemessen erscheint. Bei einer Beschwerde gegen eine fürsorgerische Unterbringung braucht es keine Begründung.]

Ich stelle daher folgenden Antrag: ....
[Notieren Sie: Was wollen Sie? Was wollen Sie nicht?]

Ich bitte Sie, meine Beschwerde zu prüfen und mir Ihren Entscheid schriftlich sowie mit einer Rechtsmittelbelehrung zuzustellen.

Mit freundlichen Grüssen
Unterschrift

PATIENTENVERFÜGUNG

Patientenverfügung

Name, Vorname: ....
Geboren: ....
Bürger(-in): ....
Wohnhaft in: ....

Ist meine Urteils- und Entscheidungsfähigkeit wegen Krankheit oder Unfall beeinträchtigt, sodass ich nicht mehr in der Lage bin, meinen Willen zu äussern, verfüge ich hiermit:

1. Medizinische Massnahmen
Ich leide an folgender Erkrankung: ....

Mein Arzt, Dr. .... , hat mich über den Verlauf und die Behandlungsmöglichkeiten aufgeklärt.

Gerate ich wegen meiner Krankheit in folgenden Zustand: ....,
verzichte ich auf folgende Behandlung: ....,
Ich verlange aber folgende medizinische Massnahmen: ....

Mir ist bei der medizinischen Behandlung vor allem die Linderung von Schmerzen und Angst wichtig. Zu diesem Zweck stimme ich auch der Verabreichung von Medikamenten zu, die als Nebenwirkung meine Lebenszeit verkürzen können.

2. Lebensverlängernde Massnahmen [Zutreffendes ankreuzen]
- ☐ Gerate ich in die Endphase einer tödlich verlaufenden Krankheit, in der keine Hoffnung mehr auf Besserung meines Zustands besteht, dulde ich keine weiteren medizinischen Eingriffe, die mein Sterben oder Leiden verlängern. Insbesondere will ich keine Reanimation, kein künstliches Aufrechterhalten des Kreislaufs und keine künstliche Ernährung.
- ☐ Diagnostizieren Ärzte nach einem schweren Unfall meinen Hirntod, sollen alle lebenserhaltenden Massnahmen wie künstliches Aufrechterhalten des Kreislaufs und künstliche Ernährung sofort eingestellt werden. Ich verlange aber ausreichende Behandlung zur optimalen Linderung von Schmerzen und Beschwerden.

☐ Ich überlasse den Entscheid folgender Person meines Vertrauens:
....
....
[Name, Adresse, Telefonnummer angeben]

3. Entbindung von der Schweigepflicht
Meine Ärzte und das Pflegepersonal dürfen folgende Personen über meinen Zustand informieren:
....
....
[Name und Adresse der Person/der Personen angeben]

Folgende Personen haben uneingeschränkte Einsicht in meine Krankenakte:
....
[Name und Adresse der Person/der Personen angeben]

Ort, Datum: ....
Unterschrift: ....

Hinweise

- In der Patientenverfügung können Sie Personen aufzählen, von denen Sie im Fall der Urteilsunfähigkeit keinen Besuch wünschen.
- Sie können religiöse, spirituelle und weltanschauliche Überzeugungen festhalten.
- Falls Sie bestimmten Personen eine Entscheidungsbefugnis einräumen, sollten Sie auch Anweisungen notieren für den Fall, dass die bezeichneten Personen für die Aufgabe nicht geeignet sind, den Auftrag nicht annehmen oder kündigen. Sie können beispielsweise Ersatzpersonen bezeichnen.
- Das Gesetz schweigt sich darüber aus, ob die beauftragten Personen Anspruch auf eine Entschädigung haben. Spesen hingegen können gemäss Artikel 422 OR in Rechnung gestellt werden. In der Patientenverfügung können Sie auch die Frage der Entschädigung regeln.

PATIENTENVERFÜGUNG

Patientenverfügung

Name, Vorname: ....
Geboren: ....
Bürger(-in):   ....
Wohnhaft in: ....

Ist meine Urteils- und Entscheidungsfähigkeit wegen Krankheit oder Unfall beeinträchtigt, sodass ich nicht mehr in der Lage bin, meinen Willen zu äussern, verfüge ich hiermit, dass folgende Person mich vertritt:
....
[Name, Geburtsdatum, Zivilstand, Adresse]

Der Umfang der Vertretung umfasst: [Zutreffendes ankreuzen]
☐ sämtliche medizinischen Massnahmen (inklusive lebensverlängernden Massnahmen)
☐ lebensverlängernde Massnahmen
☐ ....
☐ ....
☐ ....

[Fakultative Ergänzung, analog zur vorangehenden Patientenverfügung]

Zudem erteile ich der oben genannten Person folgende Weisungen:

1. Medizinische Massnahmen
Gerate ich wegen meiner Krankheit in folgenden Zustand:
....,
verzichte ich auf folgende Behandlung:
....
Ich verlange aber folgende medizinische Massnahmen:
....

Mir ist bei der medizinischen Behandlung vor allem die Linderung von Schmerzen und Angst wichtig. Zu diesem Zweck stimme ich auch der Verabreichung von Medikamenten zu, die als Nebenwirkung meine Lebenszeit verkürzen können.

2. Lebensverlängernde Massnahmen [Zutreffendes ankreuzen]
- ☐ Gerate ich in die Endphase einer tödlich verlaufenden Krankheit, in der keine Hoffnung mehr auf Besserung meines Zustands besteht, dulde ich keine weiteren medizinischen Eingriffe, die mein Sterben oder Leiden verlängern. Insbesondere will ich keine Reanimation, kein künstliches Aufrechterhalten des Kreislaufs und keine künstliche Ernährung.
- ☐ Diagnostizieren Ärzte nach einem schweren Unfall meinen Hirntod, sollen alle lebenserhaltenden Massnahmen wie künstliches Aufrechterhalten des Kreislaufs und künstliche Ernährung sofort eingestellt werden. Ich verlange aber ausreichende Behandlung zur optimalen Linderung von Schmerzen und Beschwerden.

3. Entbindung von der Schweigepflicht
Meine Ärzte und das Pflegepersonal dürfen folgende Personen über meinen Zustand informieren:
....
[Name und Adresse der Person/der Personen angeben]

Folgende Personen haben uneingeschränkte Einsicht in meine Krankenakte:
....
[Name und Adresse der Person/der Personen angeben]

Ort, Datum: ....
Unterschrift: ....

VORSORGEAUFTRAG

Vorsorgeauftrag

Name, Vorname: ....
Geboren: ....
Bürger(-in): ....
Wohnhaft in: ....

Sollte ich nicht mehr in der Lage sein, selber Entscheidungen zu treffen, beauftrage ich gestützt auf Art. 360 ZGB
....,
[Name, Adresse Telefonnummer, E-Mail der beauftragten Person]

Für den Fall, dass .... [Name der beauftragten Person] diesen Vorsorgeauftrag nicht annehmen kann, bestimme ich als Ersatz:
....
[Name, Adresse Telefonnummer, E-Mail der Ersatzperson]

1. Personensorge
Die oben erwähnte bevollmächtige Person bestimmt, welche Massnahmen im Hinblick auf meine optimale Betreuung, Pflege und medizinische Versorgung zu treffen sind. Sofern ich spezielle Anordnungen in einer Patientenverfügung erlasse, gilt diese und die bevollmächtigte Person hat für deren Ausführung zu sorgen.

2. Vermögenssorge

Variante a)
Sie verwaltet mein Einkommen und Vermögen und sorgt für die Bezahlung meiner Rechnungen. Sie ist befugt, eingeschriebene Post entgegenzunehmen und meine Post zu öffnen.

Variante b)
Sie verwaltet mein Einkommen und Vermögen. Sie kann auch darüber verfügen, zum Beispiel meinen Haushalt liquidieren, Erbschaften annehmen oder ausschlagen, Erbverträge und Erbteilungsverträge abschliessen, meine Grundstücke veräussern, verpfänden oder dringlich belasten.

3. Vertretung im Rechtsverkehr
Sie ist bevollmächtigt, alle für die Personen- und Vermögenssorge notwendigen Vorkehrungen zu treffen und die dafür nötigen Verträge abzuschliessen oder zu kündigen.

4. Spesen und Entschädigung
Notwendige Auslagen sind der bevollmächtigten Person zu ersetzen. Für ihren zeitlichen Aufwand darf sie .... Franken pro Stunde berechnen. Nicht zu entschädigen sind ihre freiwilligen Besuche bei mir zu Hause, im Heim oder Spital.

Ort, Datum: ....
Unterschrift: ....

Hinweise
- Der eigenhändige Vorsorgeauftrag muss von A bis Z handschriftlich verfasst werden. Sie können Ihren Vorsorgeauftrag stattdessen auch öffentlich beurkunden lassen.
- Entscheiden Sie sich bei Punkt 2 für Variante a oder b.
- Haben Sie schon einen Vorsorgeauftrag verfasst, halten Sie fest, ob Sie diesen ergänzen oder ersetzen: «Dieser Vorsorgeauftrag ersetzt sämtliche vorhergehenden.» Oder: «Dieser Vorsorgeauftrag ergänzt den Vorsorgeauftrag vom x.y.20zz.»

Adressen

Behörden

Die Adressen aller Kindes- und Erwachsenenschutzbehörden finden Sie auf der Website der Konferenz der Kantone für Kindes- und Erwachsenenschutz: **www.kokes.ch** (→ Organisation → Organisation Kantone → Adressliste KESB) Über die Suchfunktion nach Gemeinden kommen Sie direkt zur für Sie zuständigen Behörde.

Eine Übersicht über die Aufsichtsbehörden und Rechtsmittelinstanzen finden Sie auf Seite 199.

Beratungsstellen

Beobachter-Beratungszentrum
Das Wissen und der Rat der Fachleute in acht Rechtsgebieten stehen den Mitgliedern des Beobachters im Internet und am Telefon unentgeltlich zur Verfügung. Wer kein Abonnement hat, kann online oder am Telefon eines bestellen und erhält sofort Zugang zu den Dienstleistungen.
- **HelpOnline:** rund um die Uhr im Internet unter www.beobachter.ch/beratung (→ HelpOnline)
- **Telefon:** Montag bis Freitag von 9 bis 13 Uhr, Direktnummern der Fachbereiche unter Tel. 043 444 54 00, Fachbereich Sozialberatung unter 043 444 54 08

Kirchliche, private und öffentliche Sozialdienste in Ihrer Region finden Sie im Telefonbuch oder unter **www.ch.ch/de/behordenadressen.**

www.spo.ch
Schweizerische Patienten- und Versichertenorganisation SPO
Muster für Patientenverfügung, Adressen der regionalen Beratungsstellen auf der Website

www.patientenstelle.ch
Patienten Anlauf- und Beratungsstelle PABS
Adressen der regionalen Beratungsstellen auf der Website

Anwaltssuche
www.beobachter.ch/beratung
(→ Anwalt finden)
Vom Beobachter empfohlene Anwältinnen und Anwälte in Ihrer Region

www.djs-jds.ch
Demokratische Juristinnen und Juristen der Schweiz (DJS)
Vermittlung von spezialisierten Anwälten

www.sav-fsa.ch
Schweizerischer Anwaltsverband
Mitgliederlisten, auf denen die Spezialgebiete der Anwälte genannt sind

Betroffenenorganisationen

www.alz.ch
Die Schweizerische Alzheimervereinigung setzt sich ein für Menschen, die an einer Demenzerkrankung leiden. Auf der Website finden Sic Links zu den kantonalen Beratungsstellen.

www.insieme.ch
Insieme macht sich stark für Menschen mit einer geistigen Behinderung und ihre Anliegen.

www.pro-senectute.ch
Pro Senectute steht im Dienst älterer Menschen.

www.procap.ch
Procap ist der grösste Selbsthilfe- und Mitgliederverband von und für Menschen mit Behinderung in der Schweiz.

www.proinfirmis.ch
Pro Infirmis tritt ein für eine möglichst uneingeschränkte Teilnahme von Menschen mit Behinderung am sozialen und gesellschaftlichen Leben.

www.promentesana.ch
Pro Mente Sana setzt sich für die Interessen psychisch kranker Menschen ein.

Beratung für Angehörige
Nebst den nebenan genannten Beratungsstellen werden folgende Adressen empfohlen:

www.al-anon.ch
Selbsthilfegruppe für Angehörige von Alkoholikern

www.selbsthilfe.ch
Koordination und Förderung von Selbsthilfegruppen in der Schweiz

www.vask.ch
Dachverband der Vereinigungen von Angehörigen psychisch Kranker

www.vevdaj.ch
Verband der Eltern- und Angehörigenvereinigungen Drogenabhängiger

Muster von Patientenverfügungen
www.caritas.ch
Caritas Schweiz

www.dialog-ethik.ch
Interdisziplinäres Institut für Ethik im Gesundheitswesen

www.fmh.ch
Verbindung der Schweizer Ärztinnen und Ärzte FMH

www.srk-zuerich.ch
Schweizerisches Rotes Kreuz des Kantons Zürich

ANHANG

Zuständige Behörden im Kindes- und Erwachsenenschutz

Kanton	Kindes- und Erwachsenen-schutzbehörden (Kesb)	Aufsichtsbehörden	Rechtsmittelinstanzen	Separate Rechtsmittel-instanzen für fürsor-gerische Unterbringung
AG	11 kantonale Gerichts-behörden (Familiengericht)	Obergericht, Abteilung Zivilgericht	Obergericht, Abteilung Zivilgericht	Obergericht, Abteilung Verwaltungsgericht
AI	1 kantonale Verwaltungs-behörde	Regierungsrat (Departement Gesundheit und Soziales)	Kantonsgericht, Abteilung Verwaltungsgericht	–
AR	1 kantonale Verwaltungs-behörde	Regierungsrat (Departement Inneres und Kultur)	Obergericht	Einzelrichter/-in des Obergerichts
BL	6 interkommunale Verwaltungsbehörden	Sicherheitsdirektion	Kantonsgericht, Abteilung Verfassungs- und Verwaltungsrecht	–
BS	1 kantonale Verwaltungs-behörde	Departement für Wirtschaft, Soziales und Umwelt	Verwaltungsgericht	FU-Rekurskommission
BE	11 kantonale Verwaltungs-behörden, 1 interkommunale Verwaltungsbehörde (Burgergemeinden)	Justiz-, Gemeinde- und Kirchendirektion / kantonales Jugendamt	Obergericht, Kindes- und Erwachsenenschutzgericht	–
FR	7 autorités judiciaires cantonales (Justices de paix)	Conseil de la magistra-ture/Justizrat	Tribunal cantonal	–
GE	1 autorité judiciaire cantonale (Tribunal de protection)	Cour de justice, chambre de surveillance	Cour de justice, chambre de surveillance	1ère instance: Tribunal de protection 2ème instance: Cour de justice, chambre de surveillance

Kanton	Kindes- und Erwachsenenschutzbehörden (Kesb)	Aufsichtsbehörden	Rechtsmittelinstanzen	Separate Rechtsmittelinstanzen für fürsorgerische Unterbringung
GL	1 kantonale Verwaltungsbehörde	Departement für Volkswirtschaft und Inneres	Verwaltungsgericht	–
GR	5 kantonale Verwaltungsbehörden	Regierung (Departement für Justiz, Sicherheit und Gesundheit)	Kantonsgericht	–
JU	1 autorité administrative cantonale	Cour administrative du Tribunal cantonal	Cour administrative du Tribunal cantonal	1ère instance: Juge administratif du Tribunal de première instance 2ème instance: Cour administrative du Tribunal cantonal
LU	7 (inter-)kommunale Verwaltungsbehörden	Regierungsstatthalter Hochdorf und Luzern	Obergericht	1. Instanz: Einzelrichter/-in des Bezirksgerichts am Ort der Einrichtung 2. Instanz: Obergericht
NE	2 autorités judiciaires cantonales (Tribunal d'instance / bezirksgerichtliche Abteilung)	Conseil de la magistrature	Tribunal cantonale, Cour des mesures de protection de l'enfant et de l'adulte (CMPEA)	1ère instance: APEA 2ème instance: Tribunal cantonal, CMPEA
NW	1 kantonale Verwaltungsbehörde	Gesundheits- und Sozialdirektion	Verwaltungsgericht	–
OW	1 kantonale Verwaltungsbehörde	Regierungsrat (Sicherheits- und Justizdepartement)	Verwaltungsgericht	1. Instanz: Kantonsgericht 2. Instanz: Obergericht
SG	9 interkommunale Verwaltungsbehörden	Departement des Innern	1. Instanz: Verwaltungsrekurskommission 2. Instanz: Kantonsgericht	–

ANHANG

SH	1 kantonale Gerichtsbehörde (Spezialgericht)	Obergericht	Obergericht	1. Instanz: Kesb 2. Instanz: Obergericht
SO	3 kantonale Verwaltungsbehörden	Departement des Innern	Verwaltungsgericht	–
SZ	2 kantonale Verwaltungsbehörden	Departement des Innern	Verwaltungsgericht	–
TG	5 kantonale Verwaltungsbehörden	Administrative Aufsicht: Departement für Justiz und Sicherheit/fachliche Aufsicht: Obergericht	Obergericht	1. Instanz: Kesb 2. Instanz: Obergericht
TI	18 interkommunale Verwaltungsbehörden	Camera di protezione del tribunale di appello	Camera di protezione del tribunale di appello	Prima istanza: Commissione giuridica LASP Secondo istanza: Camera di protezione del tribunale di appello
UR	1 kantonale Verwaltungsbehörde	Regierungsrat	Obergericht	–
VD	9 autorités judiciaires cantonales (Justices de paix)	Tribunal cantonal, Chambre des curatelles	Tribunal cantonal	1ère instance: Juge de paix 2ème instance: Tribunal cantonal
VS	27 (inter-)kommunale Verwaltungsbehörden	Conseil d'État	Tribunal cantonal	1ère instance: Juge spécialisé de première instance (juge des mesures de contrainte) 2ème instance: Tribunal cantonal
ZG	1 kantonale Verwaltungsbehörde	Direktion des Innern	Verwaltungsgericht	–
ZH	13 (inter-)kommunale Verwaltungsbehörden	Direktion der Justiz und des Innern	1. Instanz: Bezirksrat 2. Instanz: Obergericht	1. Instanz: Einzelgericht 2. Instanz: Obergericht

Quelle: KOKES, in: Zeitschrift für Kindes- und Erwachsenenschutz ZKE 1/2013, S. 54 ff., www.kokes.ch

Weiterführende Bücher

Beobachter-Ratgeber

Ihde-Scholl, Thomas: Ganz normal anders. Alles über psychische Krankheiten, Behandlungsmöglichkeiten und Hilfsangebote. 2. Auflage, Beobachter-Edition, Zürich 2014

Kieser, Ueli; Senn, Jürg: Invalidität. Was Sie über Renten, Rechte und Versicherungen wissen müssen. 5. Auflage, Beobachter-Edition, Zürich 2013

Ruedin, Philippe; Bräunlich Keller, Irmtraud: OR für den Alltag. Kommentierte Ausgabe aus der Beobachter-Praxis. 12. Auflage, Beobachter-Edition, Zürich 2016

Stäheli Haas, Katrin: Wohnen und Pflege im Alter. Selbständig leben, Entlastung holen, Heim finanzieren. Beobachter-Edition, Zürich 2011

Strebel, Dominique: Rechtsfragen im Alltag. Der grosse Schweizer Rechtsratgeber. 3. Auflage, Beobachter-Edition, Zürich 2012

Von Flüe, Karin: Letzte Dinge regeln. Fürs Lebensende vorsorgen – mit Todesfällen umgehen. 4. Auflage, Beobachter-Edition, Zürich 2015

Von Flüe, Karin; Strub, Patrick; Noser, Walter; Spinatsch, Hanneke: ZGB für den Alltag. Kommentierte Ausgabe aus der Beobachter-Beratungspraxis. 14. Auflage, Beobachter-Edition, Zürich 2016

Weitere Bücher

KOKES (Hrsg.): Praxisanleitung Erwachsenenschutzrecht, Dike Verlag, Zürich/St. Gallen 2012

Rosch, Daniel; Büchler, Andrea; Jakob, Dominique: Erwachsenenschutzrecht. Einführung und Kommentar zu Art. 360ff. ZGB und VBVV. Helbing Lichtenhahn Verlag, Basel 2015

Rosch, Daniel; Fountoulakis, Christiana; Heck, Christoph: Handbuch Kindes- und Erwachsenenschutz. Recht und Methodik für Fachleute. Haupt Verlag, Bern 2016

Docupass

Pro Senctute: DOCUPASS ist ein Vorsorgedossier, das persönliche Anliegen, Bedürfnisse, Forderungen und Wünsche im Zusammenhang mit Krankheit, Pflege, Sterben und Tod umfassend festhält. Erhältlich bei www.beobachter.ch/buchshop.

Stichwortverzeichnis

A

Absolut höchstpersönliche Rechte 20
Akteneinsicht 93, 122, 140
Ambulante Massnahmen 104
Anforderungen an Beistände 69
Angehörige als Beistand 71
Anhörung 139
– bei fürsorgerischer Unterbringung 105
Antrag auf Aufhebung der
  Beistandschaft 66, 185
Antragsrecht 138
Anwalt 144
Ärztliche Unterbringung 88
Aufhebung einer Beistandschaft 66, 185
Aufschiebende Wirkung, Entzug der 106
Aufsicht
– über Kesb 135, 199
– über Wohn- oder Pflegeeinrichtungen ... 122
Aufsichtsbeschwerde 78
Austrittsgespräch bei fürsorgerischer
  Unterbringung 103, 105

B

Begleitbeistandschaft 57
Begutachtung in Klinik 85
Behandlungsplan 91
– und Patientenverfügung 93
Behörde siehe Kesb
Beistand 69
– Anforderungen 69
– Angehörige 71
– Aufgaben 74
– Berufsbeistand 72
– Beschwerde 78, 186
– Entschädigung 73
– Mitspracherecht bei Wahl 70
– Privatbeistand 72
– Schweigepflicht 76
– und Kesb 134

Beistandschaft 51
– auf eigenen Antrag 56, 182
– Begleitbeistandschaft 57
– Ende 66
– Gründe für 53
– kombinierte 63
– Mitwirkungsbeistandschaft 61
– umfassende 64
– Umwandlung von Massnahmen 67
– und Kesb 77
– Verfahrensbeistand 63, 144
– Verhältnismässigkeitsprinzip 53
– Vermögensverwaltung 60
– Vertretungsbeistandschaft 58
Beratungsstellen 68, 197
Bericht des Beistands 75
Berufsbeistand 72
Beschwerde 78, 140
– gegen Beistand 78, 186
– gegen Entscheid der Kesb 143, 189
– gegen fürsorgerische
  Unterbringung 102, 188
– gegen bewegungseinschränkende
  Massnahmen 128, 187
Betreuungsvertrag 112
– und Patientenverfügung 116
– Vertretung für Urteilsunfähige 114
Bewegungseinschränkende
  Massnahmen 96, 123
– Beschwerde 187
– Protokoll 127
– und Kesb 129

E

Ehepaare, gegenseitiges Vertretungsrecht ... 38
Eigene Vorsorge 23
Eigenhändiger Vorsorgeauftrag 29

Eingetragene Partner, gegenseitiges
   Vertretungsrecht 38
Einrichtung
– bei fürsorgerischer Unterbringung 86
– Wohn- oder Pflegeeinrichtung 110
Einsichtsrecht 139
– im Heim 122
– in Behandlungsplan 93
Einweisung (siehe auch fürsorgerische
   Unterbringung)
– durch Arzt 88
– durch Kesb 87
– Rechte der Eingewiesenen 91
Elterliche Sorge und Beistandschaft 64
Ende der Beistandschaft 66
Entlassung, bei fürsorgerischer
   Unterbringung 101
Entscheid der Kesb 142
– Beschwerde 143, 189
Entzug der aufschiebenden Wirkung 106
Ergänzungsleistungen 119
Erwachsenenschutzbehörde siehe Kesb
Erwachsenenschutzrecht
– Gesetzestext 150
– Überblick 16
– Verfahren 138

F

Finanzierung eines Heimaufenthalts 119
Freie Arztwahl bei Heimaufenthalt 120
Freiheitsbeschränkende Massnahmen 124
Fürsorgerische Unterbringung 17, 81
– ärztliche Schweigepflicht 99
– Austrittsgespräch 103
– Behandlungsplan 91
– Beschwerde 102, 188
– bewegungseinschränkende
   Massnahmen 96
– Einweisung durch Arzt 88
– Einweisung durch Behörde 87
– Entlassung 101

– geeignete Einrichtung 86
– Nachbetreuung 103
– Notfall 95
– Überblick 82
– und freiwilliger Klinikeintritt 90
– und Selbstbestimmungsrecht 83
– und Verhältnismässigkeitsprinzip 84
– Verfahren 105
– Vertrauensperson 97

G

Geeignete Einrichtung, fürsorgerische
   Unterbringung 86
Gefährdungsmeldung 135, 183
Gesetzestext 150

H

Handlungsfähigkeit 18
– und Mitwirkungsbeistandschaft 62
– und umfassende Beistandschaft 64
– und Vermögensverwaltung 61
– und Vertretungsbeistandschaft 60
Heim (siehe auch Wohn- oder
   Pflegeeinrichtung) 110

– Betreuungsvertrag 112
– bewegungseinschränkende
   Massnahmen 123
– Finanzierung 119
– Heimordnung 117, 118
Hilflosenentschädigung 119
Höchstpersönliche Rechte 19

K

Kaskadenordnung
– und Betreuungsvertrag 115
– und medizinische Massnahmen 47
Kesb 17, 18, 131, 197
– Aufgaben 133
– Aufsicht 135
– Beschwerde gegen Entscheid 143, 189

- Gespräch mit 140
- und Beistandschaft 77
- und bewegungseinschränkende
  Massnahmen 129
- und fürsorgerische Unterbringung 87
- und Patientenverfügung 48
- und Vorsorgeauftrag 35, 38
- Verhältnis zu Beistand 134
- Vertretungsrecht 39, 40

Kindes- und Erwachsenenschutz-
behörde siehe Kesb
Kombinierte Beistandschaften 63
Krankenkasse und Heimaufenthalt 119

M

Massgeschneiderte Massnahmen 16, 57
Massnahmen
- bewegungseinschränkende 96, 123
- freiheitsbeschränkende 124
- massgeschneiderte 16, 57
- medizinische 41
Medizinische Massnahmen 41
- Vertretung 46
Meldepflicht 137
Melderecht 137
Meldung einer Gefährdung 135, 183
Mitspracherecht bei Wahl des Beistands 70
Mitwirkungsbeistandschaft 61
Mustertexte 182
Mutmasslicher Wille 47, 95, 118

N/O

Nachbetreuung 103
Notfall, und fürsorgerische
  Unterbringung 95

O/P

Öffentlich beurkundeter Vorsorgeauftrag 29
Patientenverfügung 41, 191
- Aufbewahrung 44
- und Behandlungsplan 93

- und Betreuungsvertrag 116
- und Kesb 48
- und Sterbehilfe 45
Personensorge 25
Pflegefinanzierung 119
Privatbeistand 72
Prozessführung, unentgeltliche 140, 145

R

Rechte im Verfahren 138
Rechte, höchstpersönliche 19
Rechtsmittelbelehrung 142, 143
Rechtspflege, unentgeltliche
  siehe unentgeltliche Prozessführung
Rechtsverkehr 25
Relativ höchstpersönliche Rechte 20

S

Schutz für Urteilsunfähige 16
Schutzbedürfnis 14, 54
- und fürsorgerische Unterbringung 83
- Urteilsunfähige im Heim 111
Schwächezustand 54, 84
Schweigepflicht
- ärztliche 99
- des Beistands 76
Selbstbestimmungsrecht 14, 16
- und fürsorgerische Unterbringung 83
- Vorsorgeauftrag 25
Solidarität in der Familie 16
- Vertretungsrecht 38
Sorgerecht für Kinder und Beistandschaft .. 64
Sterbehilfe und Patientenverfügung 45

T/U

Tod einer verbeiständeten Person 66
Überblick Erwachsenenschutzrecht 16
Übergangsrecht 65
Umfassende Beistandschaft 64
Umwandlung von Massnahmen 67
Unentgeltliche Prozessführung 140, 145

Unentgeltliche Rechtspflege
  siehe unentgeltliche Prozessführung
Unterbringung, fürsorgerische 17, 81
Urteilsfähigkeit 18
Urteilsunfähige, Schutz für 16
Urteilsunfähigkeit
  und Bchandlungsplan 94
  – und Betreuungsvertrag 114
  – und bewegungseinschränkende
    Massnahmen 125
  – und Heimaufenthalt 110
  – vorübergehende 54

V

Verbeiständet siehe Beistandschaft
Verfahren 138
  – Rechtsmittelbelehrung 142, 143
  – unentgeltliche Prozessführung 140, 145
  – Vertretung 140
Verfahrensbeistand 63, 105, 144
Verfügung 142
Verhältnismässigkeitsprinzip 53, 84
Vermögenssorge 25
Vermögensverwaltung 60
Vertrauensperson bei fürsorgerischer
  Unterbringung 97
Vertretung
  – bei Abschluss des Betreuungsvertrags... 114
  – bei medizinischen Massnahmen 46
  – im Verfahren 140
Vertretungsbeistandschaft 58
Vertretungsrecht 38
Verwahrlosung 84
Vollmacht, Verhältnis zu Vorsorgeauftrag ... 33
Vorlagen 182
  – Antrag auf Änderung, Aufhebung
    der Beistandschaft 185
  – Antrag auf Beistandschaft 182
  – Beschwerde gegen Beistand 186
  – Beschwerde gegen Entscheid
    der Kesb 189

  – Beschwerde gegen bewegungs-
    einschränkende Massnahme 187
  – Gefährdungsmeldung 183
  – Patientenverfügung 191
  – Vorsorgeauftrag 195
Vormundschaftliche Massnahmen,
  Übergang zu heutigem Recht 65
Vormundschaftsrecht 12, 64
Vorsorge, eigene 23
Vorsorgeauftrag 24, 195
  – Aufbewahrung 31
  – Eintragung 32
  – Formvorschriften 29
  – und Kesb 35
  – Verhältnis zu Vollmacht 33
Vorsorgebeauftragte Person
  – Aufgaben 36
  – Entschädigung 30

W

Wohn- oder Pflegeeinrichtung 110
  – Aufsicht 122
  – Betreuungsvertrag 112
  – bewegungseinschränkende
    Massnahmen 123
  – Finanzierung 119
  – freie Arztwahl 120
  – Heimordnung 118
Wohnortswechsel und Beistandschaft 68

Z

Zurückbehalten in Klinik 90
Zustimmung zu Behandlungsplan 93
Zwang bei medizinischen Massnahmen ... 94
Zwangseinweisung
  siehe fürsorgerische Unterbringung
Zwangsmassnahmen im Heim 123

Ratgeber, auf die Sie sich verlassen können

Buchset OR und ZGB für den Alltag

OR und ZGB für den Alltag sind unverzichtbar für Haushalt, Weiterbildung und Berufsleben. Diese Beobachter-Ausgaben kommentieren als einzige alle Gesetzesartikel in Alltagssprache. Mit vielen Beispielen, wichtigen Gerichtsurteilen und ausführlichen Verzeichnissen.

2 Bände im Set
ISBN 978-3-85569-881-3

Testament, Erbschaft

Zu Lebzeiten klare Verhältnisse schaffen oder als Erbe Bescheid wissen: Dieser Ratgeber erklärt alles zur Nachlass- und Erbregelung in der Schweiz. Bedürfnisse von Verheirateten, Alleinstehenden oder in einer Partnerschaft Lebenden werden gleichermassen berücksichtigt. Mit wegweisenden Urteilen und den kantonalen Regelungen.

280 Seiten, broschiert
ISBN 978-3-85569-862-2

Letzte Dinge regeln

Wie verfasse ich eine Patientenverfügung? Wo will ich meine letzte Ruhe finden? Sind meine Liebsten gut abgesichert? Dieser Ratgeber beantwortet alle Fragen, die sich am Ende des Lebens stellen. Er beantwortet auch die Fragen jener, die Sterbende begleiten und einen Todesfall bewältigen müssen.

224 Seiten, broschiert
ISBN 978-3-85569-858-5

Die E-Books des Beobachters: einfach, schnell, online. www.beobachter.ch/ebooks

Ratgeber, auf die Sie sich verlassen können

Wohnen und Pflege im Alter

Selbstbestimmt leben! Dieser Ratgeber stellt die ganze Palette an Wohnformen vor und informiert über die schweizerischen Pflege- und Entlastungsangebote sowie deren Finanzierung.

208 Seiten, broschiert
ISBN 978-3-85569-467-9

Invalidität

Wer sich neu und unerwartet mit dem Thema Invalidität auseinandersetzen muss, ist ganz besonders auf umfassende und verlässliche Informationen angewiesen. Was die Regeln der IV für Betroffene und ihre Angehörigen bedeuten, zeigt dieser Ratgeber. Die Autoren beleuchten Hintergründe und beantworten alle Fragen rund um die IV.

216 Seiten, broschiert
ISBN 978-3-85569-655-0

Ganz normal anders

Dieser Ratgeber vermittelt einen Überblick über die Vielfalt an psychologischen und psychiatrischen Behandlungsangeboten, Informationsstellen und Selbsthilfegruppen in der Schweiz. Er informiert über psychische Krankheiten und liefert Antworten – auch auf Fragen, die nicht laut gestellt werden.

368 Seiten, broschiert
ISBN 978-3-85569-768-7

Die E-Books des Beobachters: einfach, schnell, online. www.beobachter.ch/ebooks